# 지금, 차이나
## 신중국 사용설명서

## 지금, 차이나
신중국사용설명서

2020년 7월 6일 초판 발행
2020년 7월 6일 초판 1쇄

| | |
|---|---|
| 지은이 | 서명수 |
| 발행인 | 서명수 |
| 발행처 | 서고 |
| 주 소 | (36744) 경상북도 안동시 공단로 48 |
| 전 화 | 054-856-2177 |
| Fax | 054-856-2178 |
| E-mail | diderot@naver.com |
| ISBN | 979-11-960696-4-3 (03910) |

# 지금, 차이나
## 신중국 사용설명서

서명수 지음

서고

**프롤로그**

# 왜 '지금, 차이나'인가

중국은 악의축인가?

중국 우한에서 발원한 신종코로나 바이러스新型 冠狀肺炎 사태는 고도성장을 구가하면서 미국에 맞선 강대국 중국의 민낯을 가감없이 드러냈다. 바이러스 정보 은폐와 초기 방역실패로 인한 우한의 비극은 1,000여만 명이 거주하는 고도古都 우한을 전면봉쇄하고 5천여 명에 이르는 희생자를 내고 불길을 잡았다.

그러나 우한발 코로나바이러스는 전 세계로 확산되면서 전대미문의 팬더믹 상황을 초래했다. 다시는 코로나 이전의 세상으로 돌아가지 못할 것이라는 우울한 전망이 확산되면서 지금껏 보지 못한 반중反中 정서가 악화되고 있다.

18년 전인 2002년 겨울 발생한 사스SARS 중증급성 호흡기증후군 역시, 코로나 바이러스가 원인이었고 중국에서 발원했다. 광둥성에서 전중국으로 확산된 사스는 싱가포르와 캐나다 등 전 세계로 확산되기는 했지만 지금처럼 심각한 팬더믹으로 번지지는 않았다.

사스는 중국의 방역체계와 사회제도 등을 크게 변화시켰다. 사스의 참혹한 경험에 불구하고 18년이 지난 오늘, 시진핑习近平 체제의 '신중국'은 그 때

**중국식 붉은문**
우리가 알고 있는 중국은 없다. 그렇다고 우리가 아는 중국이 거짓이라는 것은 아니다.

에 비해 전혀 진전없이 더 폐쇄적이고 더 퇴화된 모습을 보여준 것에 대해 의문이 들었다.

베이징北京올림픽을 성공적으로 치르면서 '도광양회韜光洋灰'의 시대를 끝내고 '대국굴기大國崛起'의 시대를 연 신중국. '샤오캉小康' 사회에 도달했다는 신중국은 어디로 갔을까?

그렇다고 우리가 아는 중국이 다 거짓은 아니다. 지금의 신중국은 마오쩌둥毛澤东 이래로 중국 최고지도자와 중국공산당이 이끈 빛나는 '영광'과 개혁개방이후 고된 삶을 마다하지 않은 농민공农民工과 라오바이싱老百姓의 피와 땀이 결합된 것이다. 섣불리 중국을 한 두 마디로 표현할 수 없는 이유가 거기에 있다.

무엇보다 우리는 중국에 대해 궁금해 하지 않는다. '물과 공기' 없이는 살아갈 수 없으면서도 물과 공기를 고마워하지도, 절박함을 느끼지도 않듯이, 이웃한 중국과 일본에 대해 우리는 늘 그 자리에 있는 산과 들 같은 자연환경처럼 특별하게 생각하지 않는다. 그러니 중국이나 일본이 궁금하지 않는 것은 당연하다.

중국이나 일본 등 이웃나라에 대해서는 수천년 동안 공존해온 역사만큼 다 알고 있다는 그릇된 인식 때문일 수도 있다.

그러면 우리가 중국에 대해 얼마나 잘 알고 있는지, 중국에 대한 단편적 상식에 대해 새롭게 확인해 보는 것이 어떨까. 손자병법에도 '지피지기면 백전불태知彼知己百戰不殆'라고 하지 않았던가?

중국인들은 지금의 중국을 스스로 '신중국'이라고 부른다. '신중국'은 우리가 알고 있던 '중국'과 무엇이 다르고 양자의 경계지점은 어디일까?

우리는 늘 우리가 살고 있는 동시대를, 지난 세대와 다른 '새로운' 시대라는 의미에서 무 자르듯 '신'자를 붙이곤 하지만 그 시대적 경계가 분명하지 않을 때가 적지않다.

그러나 중국과 신중국의 경계는 확실하게 구분된다.

'신중국'은 1949년 10월 1일 마오쩌둥毛澤东 주석이 톈안먼天安门광장에서 <중화인민공화국> 성립成立(건국)을 선포한 이후의 중국이다. 1911년 신해혁명으로 청淸왕조가 무너진 후의 쑨원孫文의 <중화민국> 체제가 흔히들 얘기하는 중국과 신중국의 과도기라고 할 수 있다면, 일본 패망후 마오의 중국공산당이 '국공내전'을 통해 장제스蔣介石 주석의 중화민국을 중국대륙에서 타이완으로 몰아낸 후의 중국이 신중국인 셈이다.

물론 '신중국'에서도 마오 주석이 집권한 1976년까지와 마오 사후 덩샤오핑邓小平 집권이후의 중국은 크게 달라졌다. 사실 엄격하게는 신중국시대도 마오시대와 덩샤오핑 이후를 구분하는 것이 이해하기 쉽다.

마오의 갑작스러운 사망 후, 권력을 장악한 덩샤오핑은 '개혁·개방'을 전면에 내걸었다. 그의 '흑묘백묘론'은 마오시대의 과오에 대한 논란을 접어두고 '검은 고양이든 흰고양이든, 쥐만 잘 잡으면 된다'는 논리로 중국의 미래발전을 이끄는 초석으로 작용했다.

장쩌민江澤民, 후진타오胡錦濤에 이은 현재의 시진핑习近平 주석 체제의 중국은 '덩샤오핑邓小平 시대와'와 속성을 같이한다. 우리와 동시대를 살아가고 있는 중국이 바로 신중국이다. 그래서 한국인이 가장 좋아하는 '삼국지'와 '수호지' 등 역사소설 속 중국으로 현재의 중국을 읽으면 이해할 수 없는 일들이 종종 발생하곤 한다.

흔히들 우리는 중국을 '만만디慢慢地의 나라' '꽌시关系의 나라'로 알고 있었다. 2019년 10월1일로 건국 70주년을 맞이한 신중국의 사회주의 체제는 '빨리빨리' 문화에 익숙한 한국인에게 "되는 일도 없고, 안되는 일도 없는"

중국사회의 기본적인 속성으로 오해되기도 했다. 그러나 지금 중국에서 '만만디현상'은 찾아볼 수 없다. 베이징과 상하이 외의 변방의 도시를 찾아가더라도 '빛의 속도'로 변하는 중국식 속도전에 깜짝깜짝 놀라게 된다.

'꽌시관계' 역시 신중국을 규정하는 핵심키워드였다. 개혁개방초기 '꽌시'는 외국인 투자자에게 정책 결정권을 가지거나 영향력이 있는 중국 공산당의 핵심 고위간부나 고위공직자와의 친분을 통해 중국사업에 진출하는 지름길이었다. 함께 식사와 술자리를 하면서 친분을 쌓으며 꽌시를 쌓을수록 중국사업은 번창했다. 그러나 이제 그런 방식의 중국사업은 성공하지 못한다. 꽌시는 사업파트너간의 신뢰와 신용으로 대체되고 있다.

우리가 알고 있던 중국은 더 이상 없다.

졸저 <인민복을 벗은 라오바이싱2007>을 통해 개혁개방이후 '마오毛의 시대'를 벗어난 지 20년간의 중국 인민, 라오바이싱의 변화를 기록한 지 13년의 시간이 지났다.

2008년 '베이징 올림픽'을 성공적으로 치르면서 '중화中華의 부활'을 전세계에 선언한 중국은 미국과 경쟁하는 강대국의 꿈, 중국몽中国梦을 본격적으로 펼치기 시작했다. 그리고는 끊임없이 초강대국 미국과 각을 세우고 부딪치면서 무역전쟁에 돌입하는 일도 피하지 않고 있다.

그런데도 나는 여전히 중국을 '잘' 모르고 있다는 자괴감이 들었다. 덩치가 코끼리보다 더 커진 중국의 실체를 알기위해서는 지금 다시 중국 속으로 들어가야겠다는 생각이 들었다. 그래서 하나 하나 신중국의 꿈과 현실과 그들을 옭아매는 중국공산당이라는 시스템을 찾아 나섰다.

'지금, 차이나'가 세상에 나오게 된 건 그 때문이다.

이 책은 중국에 대한 깊이 있는 연구서가 아니다. 지금의 중국을 이해하는 키워드나 '소책자'같은 것이다. 제1장은 중국몽의 세상으로 안내한다. 제2장은 중국인들의 세상이다. 제3장은 중국공산당을 통해 본 세상이다.

책을 읽는 순서는 없다. 그냥 읽고 싶고, 손에 잡히는 대로 읽으면 된다.

# 차 례

프롤로그 왜 지금, 차이나인가 · 5

## 제1부
### 실현되지 못한, '중국몽中国梦'

위험한 꿈, '중국몽中国梦' | 13
세대를 뛰어넘는 실용의 문화, 그것이 중국몽 | 19
위챗微信, WeChat 세상 | 25
'위챗페이WeChatpay' 사용설명서 | 29
'공유경제'천국 | 35
'띠디추싱滴滴出行'의 세계 | 40
'차茶의 나라' 중국에서 펼쳐지는 커피전쟁, '루이싱瑞幸 커피 스토리 | 46
스마트폰이 지배하는 중국생활 | 53
중국 IT기업의 상징, '샤오미小米' | 59
짝퉁천국 중국, 지적재산권 보호의 전면에 | 65
자동차강국 중국 | 71
'칭뿌야오팡샹차이请不要放香菜', 향신료 이야기 | 77

## 제2부
### 신중국, 그들의 세상속으로

백계왕百鸡王과 공공정부公共情夫 | 85
'푸뿌푸扶不扶?', 신중국의 공중도덕 | 96
소수민족 천국(?) | 103
중국이 만만한가? | 109
농민공 그들은 누구인가 | 114
폭발호爆发户, 벼락부자의 세상 | 119
샤오황디小皇帝, 빠링호우, 지우링호우(80后, 90后) | 127
단골常客은 없다 | 132
황금연휴黄金周 | 136
신용사회(?) 중국 | 140
간체와 번체 | 144
미스터리 중국부동산 | 148

제3부

**신중국,
중국공산당 세상**

서기书记는 비서인가? | 155
중국공산당에 입당하려면 … | 159
통제사회 | 168
신중국 최고지도자약사略史 | 174
중국은 공산당 일당독재 | 180
홍위병의 시대 | 184
톈안먼 광장 그리고 천안문 | 189
사회주의 신중국은 '공평公平'한가 | 195
중국의 파워엘리트, 태자당太子党 | 200
공산주의청년단의 퇴조? | 205
당국의 발표를 믿지 않는다? | 209
중국의 분열 혹은 붕괴 | 214
중국은 악의 축인가, 코로나 사태가 던진 교훈 | 219

**에필로그** 중국이라는 이름의 거짓말 · 224

# 제1부

## 실현되지 못한, '중국몽中国梦'

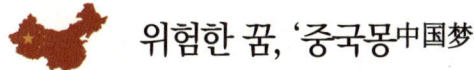# 위험한 꿈, '중국몽中国梦'

시진핑习近平의 '중국몽'이 '우한폐렴신종코로나바이러스감염증(코로나19)'으로 얼룩졌다.

위대한 중국의 시대, 중화제국을 부활하겠다는 원대한 포부가 시 국가주석·총서기의 중국몽이라면 그 꿈을 구체적으로 실현시키기도 전에 2002~2003년 세계를 휩쓸었던 '사스SARS'사태를 능가하는 '중국 악몽中国恶梦'이 펼쳐진 것이다.

사스사태가 장쩌민江泽民에서 후진타오胡锦涛 시대로 넘어가는 권력이양이라는 과도기의 지도력 누수의 탓이었다면, 시진핑 시대의 '신종코로나'사태는 마오쩌둥 이후 최고의 지도력을 확립하는 데 성공한 이후 발생했다는 점에서 향후 시 주석의 위상이나 지도력 약화는 불가피해질 수 있다는 관측이 제기되기도 한다.

중국몽은 한마디로 중국의 꿈이다.

2012년 열린 '제18차 중국공산당 전국인민대표대회'에서 중국 공산당 최고지도자인 '총서기'직에 선출되면서 '시진핑 시대'를 개막한, 시 총서기가 야심차게 중국 라오바이싱老百姓에게 제시한 중화제

**나의 중국몽** 소년이 그린 중국몽. 중국이 세상의 중심이 되는 중화의 부활이다.

국의 부활이라는 메시지를 담은 선전선동도구였다. 그의 중국몽은 한 마디로 '중화中華민족의 위대한 부활과 중화제국의 부흥'을 의미한다. 1842년 영국과의 아편전쟁으로 청淸제국의 자존심이 무너지기 이전, 즉 중화문명의 시대를 열었던 초강대국 중화제국을 21세기에 재현하겠다는 원대한 야망이 담겨있는 프로젝트라고 해도 과언이 아니다.

중국특색의 사회주의를 발전 고양시켜 중국식 사회주의를 현대화, '중화민족의 위대한 부흥'을 이끌어내겠다는 그의 꿈. 그 원대한 목표를 위해 시 총서기는 후진타오 시대 자신과 권력을 다퉜던 경쟁자들을 '부패와의 전쟁'이라는 명분을 통해 청산하고 7명의 중국공산당 중앙정치국 상무위원들로 구성된 새로운 지도체제 구축을 통해 시진핑 중국을 구성하는 데 성공했다. 대외적으로는 '일대일로一帶一路' 재건을 통한 신新실크로드 구축을 주장하고 나섰다. 트럼프 미국 대통령의 보호무역주의 및 미국 위주의 무역질서재편에 대응, 그는 지금까지의 중국의 대외경제정책과도 어울리지 않는 '무역투자 자유화와 경제세계화'를 주창하면서 미국에 맞서는 신흥대국이 중국이라는 사실을 각인시키고자 노력했다.

그것이 중국굴기로 세계에 인식되면서 초강대국미국과 신흥대국중국 간의 운명적인 충돌을 의미하는 '투키디데스의 함정'으로 경계심을 불러일으키자, 시 총서기는 "중국은 결코 다른 나라의 이익을 희생하는 대가로 스스로 발전하거나 스스로의 권익을 포기하지도 않을 것이다. 중국의 발전은 어느 국가에도 위협이 되지 않는다."고 선언하면서 중국몽에 대한 서구의 비판을 피해나가려는 시도도 했다.

결국 시진핑의 중국몽은 초강대국 미국에 맞서는 중화대국의 부활이라는 사실이 분명해졌다.

문재인 정부 출범이후 우리나라에서는 시진핑 중국에 대한 신중화 사대주의 논란이 여러 차례 제기됐다. 문 대통령은 '(한・중)운명공동체론'을 제기하면서 (우리도)'중국몽에 동참하겠다'고 밝혔다. 문 대통령이 중국몽이 무엇을 의미하는 지 정확하게 이해하고서 그런 발언을 한 것인지 궁금하다.

2017년 중국을 국빈방문한 문 대통령은 "양국은 오랜 교류 역사와 유사한 문화적 배경을 가진 운명공동체"라고 언급하면서 어떤 취지인지 불분명하게 '(대한민국은)중국과 함께 하겠다'고 말했다.

**시진핑 국가주석**
2019년 9월 장시성 간저우 위두 '홍군장정출정기념비'를 방문, 대장정 정신을 기리며 헌화하는 시진핑 주석. 당시 미국과의 무역전쟁이 한창이었다.

한・중, 중・한관계 역시 갈등의 한・일관계와 크게 다를 바 없이 불행한 역사로 점철돼 온 것이 사실이다. 문 대통령의 언급은 자칫 신중화 사대주의를 의미하는 위험한 발언이었다. 거기다 "중국은 단지 중국이 아니라 주변국들과 어울려 있을 때 그 존재가 빛나는 국가다. 높은 산봉우리가 주변의 많은 산봉우리와 어울리면서 더 높아지는 것과 같다."라는 발언은 우리나라를 '소국'으로 폄하하면서 중국을 '높은 산봉우리'같은 대국으로 존중한다는 사대주의적 인식을 적나라하게 드러내면서 비판을 자초했다.

개혁개방 34주년인 2020년.

중국은 세계의 자본을 빨아들이는 블랙홀에서 세계의 공장, 세계의 엔진을 거쳐 21세기 경제대국 G2로 우뚝 섰다. 2001년 세계무역기구WTO가입은 '아시아의 촌놈' 중국을 세계경제에 편입시킨 엄청난 일대 사건이었다. 중국의 WTO 가입은 중국을 세계경제에 편입시켜 미국이 주도하는 세계질서의 일원으로서 관리하겠다는 미국의 세계전략에 따른 것이다. 결과적으로 미국과 중국의 이해관계가 맞아떨어지는 윈윈의 결과였고 중국식 용어로는 후리궁잉互利共赢(서로 이익을 나누고 함께 이기는, 후진타오胡锦涛 전 주석이 가장 좋아하던 표현이었다)으로 최대수혜자는 중국이었다.

중국은 '2008 베이징 올림픽'을 성공적으로 개최하면서 '중화의 부활'을 전 세계에 선언하기에 이르렀다.

2012년 후진타오에 이어 신중국 최고지도자 위상을 확보한 시 총서기는 전임자와 달랐다. 그는 '중국몽'이라는 부드러운 표현을 사용했지만, 중국의 목표가 미국과 맞설 수 있는 초강대국 패권국가라는 점을 감추지 않았다.

개혁개방을 이끈 덩샤오핑鄧小平이 유지한 대외정책의 일관된 기조는 '도광양회韜光養晦(자신을 드러내지 않고 때를 기다리며 실력을 기다린다)'였다. 이제 중국은 '유소작위有所作爲(적극적으로 참여해서 하고 싶은 일을 한다)'를 넘어 '대국굴기大國屈起'의 시대를 공공연하게 드러냈다. 어둠 속에 숨어 힘을 기르던 시대에서 벗어나 미국에 맞선 중화제국의 부흥을 본격화하겠다는 것이다.

중국몽은 중국이 꾸는 꿈이다. 우리의 꿈은 절대 아니다. 중국의 부활과 굴기는 우리에게는 새로운 위협으로 작용할 수 있다. 이미 중국은 과거 중화의 시대, 동아시아에서 패권을 행사한 어두운 역사가 있다. 패권국가가 힘을 절제해서 큰 형 노릇만 한 역사는 없다. 중화의 부활과 일본 군국주의 부활이 충돌하게 될 것은 불을 보듯 뻔한 일이다.

그래서 중국몽을 바라보는 우리의 시각에도 각별한 교정이 필요하다. 이웃나라의 경제적 성장과 부활은 축하해줘야 할 일이다. 그러나 중국의 꿈이 우리에게는 '악몽'이 될 수도 있다는 두려움을 극복할 대책도 마련해야 한다.

## 세대를 뛰어넘는 실용의 문화
## 그것이 중국몽

개혁개방초기 중국의 경제발전은 '빛의 속도'라는 표현을 쓸 정도로 10% 이상 초고속 성장을 자랑했다. 하루하루가 달랐다. 한두 달만 지나면 개방의 전진기지 광둥성广东 선전深圳의 모습은 홍콩을 닮아갔다. 화교자본이 몰리면서 우후죽순雨後竹筍이라는 말처럼 고층빌딩이 쑥쑥 올라왔고 선전의 성공을 본따 다른 연해도시의 개방이 가속화됐다. 외자유치를 통해 성장의 동력을 마련한 개혁개방 초기와 달리 21세기 중국은 '세계의 공장'에서 '세계의 시장, 세계의 엔진'으로 탈바꿈한 지 오래다. 세계적 명품브랜드 제조업체들은 중국시장에서 1등을 해야 글로벌시장에서 1등을 지킬 수 있다는 사실을 깨닫고서는 중국에 진출하지 않을 수 없었다. 이제 중국은 5G 통신 등 '4차 산업'을 주도하는 IT산업에서도 핵심엔진으로 본격적으로 진입했다. 믿기지 않는다고? 불과 10여 년 전만 해도 상상하지 못했던 중국의 숨은 실력이 우리 눈앞에 펼쳐지고 있는데도 말이다.

'2008 베이징 올림픽'은 중국의 성취를 세계인에 내놓는 발표무대였다. 후진타오 시대인 그 때는 그래도 베이징 올림픽의 성공적인 개최에 집중하면서 중국은 패권을 추구하지 않는다고 선언하기 까지 한 '화평굴기和平屈起'의 시대였다.

시진핑习近平 시대로 이전하면서 중국은 중국몽을 전면에 내세웠다. 처음에는 미국과 대결하는 초강대국이 되겠다는 것이 아니라 덩치가 커진 만큼의 (미국과의)대등한 관계를 요구하면서 '신형대국관계新型大国关系'를 지향하겠다고 강변했다. 인민들의 굶주린 배를 채워주는, '원빠오温饱'는 덩샤오핑 시대의 첫 번째 목표였다. 원빠오를 해결하고 난 다음은 '샤오캉小康'이었다. '쁘띠 부르조아의 시대'라고 직역할 수 있는 '샤오캉' 사회는 14억 인민 모두가 공평하게 잘사는 이상적인 사회주의 국가 개념이었다. 그러나 중국은 공평과 평등이 우선시되는 샤오캉보다는 다른 나라로 방향을 바꿨다. '포브스湖润'지가 선정한 세계 최고의 부자들을 가장 많이 보유한 나라가 바로 중국이다. 세계 최고 수준의 빈부격차를 자랑하는 곳이 중국이다.

그러나 '알리바바'와 '텐센트' 그룹, 징둥京东과 샤오미小米, 아이치이爱奇艺 등 세계적 IT기업의 성장과정을 살펴보면 중국이 얼마나 실용을 중시하며 열린 사회인가를 확인할 수 있다. 세상에 조금이라도 도움이 되는 작은 아이디어 하나라도 갖고 있다면 누구나 성공할 수 있는 개방된 구조이기 때문에 이들 기업의 성공스토리가 가능할 수 있었다. 그러나 실제로는 중국 공산당이 영도하는 지도체제의 전폭적인 지원과 후원없이 이런 세계적인 기업이 급성장할 수 없다는 사실도 간과할 수 없다.

위챗과 페이경제의 발전은 중국의 실용문화에 기인한 바가 크다.

사실 지금 중국인들의 일상생활을 바꾼 '위챗페이微信支付'와 '알리페이支付宝'같은 QR코드 방식의 모바일결제가 단기간에 정착된 것은 불가사의한 일이 아닐 수 없다. 각종 규제로 뒤범벅이 된 우리나라에서는 절대로 성공할 수 없을 듯한 이런 '핀테크 산업'이 유독 중국에서 성공한 것은 중국이 '기득권'보다는 실용을 중시하고 있기 때문은 아닐까하는 생각이 든다. 금융거래에서 과도하게 '보안'을 강조하고 있는 우리나라의 금융거래 결제관행아래서는 다양한 인증과 각종 규제에 가로막혀 시장에 진출하기가 어려운 것이 중국식 QR코드 결제다. 이미 서울시가 역점적으로 추진하고 있는 제로페이의 저조한 성적이 그것을 입증한다. 그렇다고 위챗페이와 알리페이가 우리에 비해 '보안'이 취약하지도 않다.

**시장 과일가게**
페이결제의 성장은 중국사회의 고질적인 위조지폐 문제를 일거에 해소시켰다.

중국에서 알리페이 위챗페이가 자리를 잡게 된 것은 중국만의 세대를 뛰어넘는 독특한 문화와 직결된다. 개혁개방이후 경제성장의 과실을 맛보게 된 중국은 소수의 벼락부자들만이 신용카드를 가질 수밖에 없었고 신용카드를 사용할 수 있는 상점의 숫자도 많지 않았다. 신용카드 보급은 상대적으로 느렸고 보편화되지도 않았다. 그런데 휴대폰이 스마트폰 시대로 전화되면서 이와 결합된 페이 결제시스템은 중국인의 일상을 바꿔놓게 된다. '부자와 거지' 가리지 않고, 신용도와 관계없이 '페이'를 사용할 수 있는 세상이 도래한 것이다. 더 이상 위조지폐의 공포에 시달리지 않아도 된다는 점도 유리하게 작용했다. 휴대전화의 급속한 보급 역시, 유선전화 보급이 저조할 수

밖에 없었던 대륙에서 더 이상의 유선전화망 확대 대신 선택할 수 있는 합리적이자 실용적인 선택지였다. 인구가 집중된 대도시에는 유선망을 까는 것이 효율적이었지만 대륙전체를 유선망으로 커버하는 것은 불가능했기 때문이다.

넷플릭스나 유튜브 등 구글 플랫폼이 중국정부의 규제에 막혀 진입하지 못한 중국에서 불과 5~6년 만에 '아이치이愛奇艺'라는 동영상 플랫폼이 시장을 석권했다. 중국 최대 동영상 플랫폼 '아이치이'는 2010년 설립되었고 2018년까지 유료회원수 8천700만 명을 돌파했다. 그 해 유료서비스 수익은 100억 위안을 넘었다. 아이치이같은 OTT기업이 나타나기 전까지만 해도 중국시장은 '해적판' 시네마천국이었다. 전세계의 영화와 드라마들이 하루가 지나지도 않아 해적판 VCD로 제작돼 단돈 10위안에 팔리는 곳이 중국이었다. 한국의

**아이치이 로고**
아이치이는 동영상 복제시장을 대체했다. 10위안짜리 해적판 DVD를 사지 않더라도 무료쿠폰과 매달 10~100위안 정도의 적은 비용으로 전세계의 영화를 볼 수 있다.

인기 드라마 '대장금' 역시 해적판 VCD를 통해 일시에 전중국에 유행했다. '저작권'에 대한 개념조차 제대로 받아들여지지 않은 중국에서 아이치이같은 플랫폼의 성공은 불법 해적판 콘텐츠 소비가 더 이상 중국내에서도 먹혀들지 않는다는 것을 의미한다. 특히 아이치이 초기였던 2013년 '별에서 온 그대'를 중국내에서 독점 방영하면서 아이치이는 엄청난 유료회원을 확충하는 계기를 마련, 생존의 기반을 확보할 수 있었다. 이는 VCD 플레이어 없이도 스마트폰으로 동영상을 볼 수 있을 정도로 휴대전화 보급이 확대되고 인터넷망이 확충되었기 때문에 가능해졌다.

중국인민 '라오바이싱老百姓'의 꿈은 '현재진행형'이다. 내일은 중국에서 어떤 획기적인 서비스가 나타나 그들의 욕구와 그들의 삶을 변화시킬지 아무도 모른다.

##  위챗微信, WeChat 세상

한국에 '카카오톡'이 있다면 중국에는 '위챗微信(WeChat)'이 있다. 우리나라에서 모바일 메신저로는 카카오톡이 단연 1위지만 중국의 위챗은 사용인구가 11억명에 이르는 세계 최다사용자를 확보한 압도적인 메신저 앱이다. 중국에서는 위챗이 없으면 일상생활이 불가능할 정도로 전방위적으로 위챗세상이지만 한국에서는 카카오톡이 없어도 일상생활에 지장이 없다.

그래서 중국과의 비즈니스는 물론이고 짧은 중국여행의 필수앱을 꼽는다면 단연 '위챗'일 것이다.

카카오톡 역시 '카카오페이'나 '카카오뱅크' '카카오스토리' 등 모바일페이와 모바일뱅크 등 다양한 기능을 함께 제공하지만 한국인의 일상생활을 지배하지는 않는다.

'위챗없는' 중국인은 상상할 수 없을 정도로 중국인의 일상생활은 위챗과 함께 한다. 위챗은 PC기반 메신저 프로그램 'QQ'를 운영하던 텐센트腾讯(마화텅 회장. 마회장은 알리바바의 마윈 전 회장과 함께 중국의 최고부자 순위를 서로 앞다퉈 맡고 있다). 그룹이 2011년 내놓은 모바일 메신저로 이후 모바일결제시스템인 '위챗페이微信支付(WeChatpay)'와 접목하면서 중국인의 일상을 지배하기 시작했다. 채 10년이 되지 않은 셈이다.

**웨이신 등록**
웨이신 등록화면. 웨이신(위챗)은 전 세계에서 가장 많은 이용자를 확보한 메신저 앱이다.

중국인의 모바일 결제는 '위챗페이'와 더불어 '알리페이支付宝(Alipay)'가 양분하고 있는데 이같은 시스템은 우리나라에서 최근 도입한 '제로페이'의 원조라고 볼 수 있다. QR코드만 휴대폰으로 인식하면 간단하게 결제가 되는 시스템으로 중국인의 일상생활을 단숨에 지배해버렸다. 물론 수수료가 없다. 위챗만 있으면 파생앱을 통해 공유자전거도 탈 수 있는 등 위챗은 IT세상으로 통하는 통문通門이다.

어쩌다 한 번 중국을 방문하는 여행객은 이같은 중국식 결제시스템에 적응하지 못하고 환전해 간 '빳빳한' 100위안짜리 위안화 결제를 받아주지 않아서 당황해하는 경우가 비일비재했을 것이다. 중국의 소규모 상점은 대부분 신용카드 결제시스템을 갖춰놓지 않는데

**위챗 훙빠오**
위챗으로는 쉽게 소액을 친구에게 보내줄 수 있다. 중국인들은 수시로 친구에게 세뱃돈같은 '훙빠오(红包)'를 보낸다.

다 요즘은 현금마저 받지 않고 QR코드로 결제하고 있기 때문이다.

덕분에 중국에서는 과일이나 양꼬치 같은 먹거리 간식을 파는 길거리 노점상까지 모두 'QR코드'만 붙여놓고 있다. 간혹 현금을 받지만 현지인들은 99% 휴대폰으로 결제를 한다. 간혹 현금을 내미는 사람들은 영락없이 외국인이거나 여행객이다. 2018년 한 해 동안 중국에서 결제된 오프라인 QR코드 결제액은 무려 21.4조 위안元에 이른다.

하긴 요즘 중국의 공항마다 공항대기실에는 안마의자가 설치되어 있는데, 의자 옆에 QR코드가 찍혀있었다. 음료수 자판기 역시 동전이 되는 경우도 있지만 새로 설치하는 기기는 위챗페이나 알리페이로만 결제되고 있다. 위챗페이없이는 길거리 음식을 사먹을 수도 없고 편의점에서 아무 것도 살 수 없는 황당한 경우를 적지않게 겪기도 한다. 물론 좀 더 규모가 큰 상점이나 마트 등에서는 아직도 신용카드를 사용할 수 있고 현금을 받고 있다. 액수의 제한이 없고 위챗 사용자들끼지 '세뱃돈'같은 훙바오紅包를 보내는 기능이 있어서 뇌물을 주는 통로로 이용되기도 한다.

그렇다면 신용카드 보급률이 10%가 되지도 않던 중국사회가 어느 날 갑자기 우리나라보다 더 급속하게 모바일결제 세상으로 바뀐 이유는 무엇일까?

이전부터 중국은 진짜같은 '짝퉁'과 유사제품으로 악명을 떨치던 나라였다. 그래서 지폐 역시 최고액인 '100위안짜리'는 손님이 건네자마자 손으로 만져보고 불빛에 비쳐보는 등 위조지폐여부를 감별하는 게 일상이었다. 서로가 서로를 믿지 못하는 불신의 세상에서 신용카드가 폭넓게 보급되는 것도 난망했다. 위챗페이와 알리페이는 그런 중국인의 결제불신을 해결하는 최적의 시스템으로 등장한 것이다. 모바일페이는 자신의 은행계좌나 신용카드를 페이와 연결해서 충전을 하거나 계좌에서 인출하는 시스템으로 위폐를 감별할 필요도 없이 결제를 할 수 있어 은행의 초기형태라고 할 수 있는 '표호票号'를 열었던 중국인의 '은銀본위' 신용사회와도 딱 맞아떨어지는 시스템이었다.

신용카드를 통한 신용사회 정착단계를 뛰어넘는 획기적인 시스템인 셈이다. 중국여행을 계획하는 당신. 구글플레이나 (애플)앱스토어를 열어 위챗앱을 먼저 설치하라. 그리고 중국을 잘 아는 지인의 도움이나 인터넷을 찾아 위챗페이 계정을 확보하는 방법을 숙지하라. 그러면 중국여행은 물론 중국사업의 첫걸음이 순조로워질 것이다.

##  '위챗페이WeChatpay' 사용설명서

　요즘 중국에 가서 쇼핑을 하거나 음식점에서 계산할 때 예전에 비해 꽤나 불편해졌다. 예전부터 중국에서는 신용카드를 사용할 수 있는 곳이 많지 않아서 중국에 갈 때는 적당한 금액을 현지통화인 위안화元로 환전을 해가야 했다. 그런데 최근 들어서 아예 위안화 현금을 받지 않는 곳이 급속하게 늘어나고 있다. 중국인들은 신용카드도, 현금도 아닌 무엇으로 결제를 하는가?

　모바일 결제인 위챗페이微信支付(WeChatpay)와 알리페이支付宝(Alipay)가 중국인의 상거래 결제의 70%이상을 차지하고 있다. 모바일 메신저 '위챗微信'과 연계된 텐센트騰訊그룹의 '위챗페이'와 알리바바 그룹의 '알리페이'가 중국인의 소비생활을 지배하고 있다. 이미 여러차례 중국은 '위챗세상'이라고 규정한 바 있다.
　100위안짜리 위안화 다발을 내밀어도 귀찮다는 듯이 가게주인은 'QR코드'를 가리키면서 페이결제를 요구하는 것이 지금의 중국이다. 프랑스 빠리의 구찌 등 고급명품브랜드 매장에도 중국관광객들의 쇼핑편의를 위해 위챗페이와 알리페이 결제시스템을 도입한 지 오래다. 한국을 방문하는 중국관광객요우커(游客)들을 위해 우리나라

**챗페이 즈푸바오(위챗페이사용설명서)**
위챗페이와 알리페이(支付宝)는 중국 페이결제를 양분한다. 파리의 명품 면세점에서도 중국인들은 신용카드가 아니라 페이로 결제한다.

면세점들과 명동과 제주도 등에도 일찌감치 위챗페이와 알리페이로 결제를 할 수 있는 'QR코드' 두 개가 큼지막하게 걸려 있는 풍경을 볼 수 있다.

이제 중국여행을 하거나 중국비지니스에 중국식 결제시스템을 갖추는 것이 필수인 시대가 됐다. 중국비지니스를 하는 사람들은 중국

측 파트너와 소통할 때 99%이상 위챗을 사용한다. 우리나라에서는 카카오톡을 주로 쓰지만 중국에서는 카카오톡을 사용하는 인구가 소수인데다, 중국의 '인터넷 통제' 정책이 카톡 등의 외국계 SNS를 비공식적으로 차단하고 있어 불통일 때가 많아 무용지물이다.

중국에서는 백화점이나 면세점 같은 대형상점 뿐 아니라 스타벅스와 루이싱 등의 커피숍이나 식료품 마트 및 음식점 등 일상생활에서 모바일결제가 대세다. 신용카드와 체크카드 등 카드 사용에 익숙한 한국사람 입장에서는 QR코드를 휴대전화로 찍거나, 소비자가 직접 가격을 입력하고 비밀번호를 직접 입력페이스ID 지문결제하는 결제 방식이 번거롭게 느껴지기도 한다. 그러나 신용카드는 분실과 복제를 통한 도용 위험이 높은데다 결제수수료까지 소비자가 일부 부담해야 한다는 점에서 수수료가 거의 없는 '위챗페이'는 중국인의 소비생활에 빠르게 정착했다.

페이결제를 하게 되면 현금을 갖고 다니거나 잔돈이나 거스름돈을 받을 필요가 없게 된다. 가게 주인 입장에서도 최소한의 수수료를 내고 즉시 계좌로 입금이 되기 때문에 현금을 받는 것과 다름없다.

위챗은 한국에서도 '구글플레이안드로이드폰'와 '앱스토어아이폰'을 통해 쉽게 다운로드받아서 설치할 수 있다. 위챗페이나 알리페이를 사용하려면 인증을 받아야 하기 때문에 중국어를 전혀 모르는 한국인이 접근하기가 쉽지 않다. 그러나 중국인의 삶을 제대로 알고 중국 여행을 제대로 하고 싶다면, 직접 위챗페이를 사용하면서 중국인의

길거리에 좌판을 펴고 과일을 파는 노점상도 현금을 받지 않고 QR코드방식으로 결제한다.
심지어 간혹보게 되는 거지까지 QR코드로 기부를 받는다.

실생활을 체험하는 것이 좋겠다.

위챗 앱을 다운받아 설치하고 계정 활성화를 하면 주소록에 연동된 친구들과 카톡처럼 대화할 수 있다. 그러나 '위챗페이'를 사용하려면 반드시 중국현지은행의 계좌가 있거나 현지발행 신용카드가 있어야 한다. 위챗페이는 중국 은행계좌와 연결된 '체크카드'라고 생각하면 된다.

중국 최대은행인 공상은행과 건설은행은 중국 어느 도시에 가더라도 쉽게 찾을 수 있으므로 중국에 도착하자마자 여권을 지참하여 은행지점을 방문하면 된다. 필자도 3년 전 베이징에서 중국 건설은행 지점을 방문, 신규계좌를 개설하고 현지화폐를 예금한 후 위챗 계정과 연결해서 '위챗페이'를 사용하고 있다. 당시에는 중국에 거주하거나 장기간 체류하지 않고 여행비자만 갖고 방문한 관광객이더라도 계좌개설을 해줬다.

최근에는 각 은행마다 또 지점마다 다른 것 같은데 여행비자를 소지한 관광객에게는 신규계좌 개설을 해주지 않는다고 한다. 국내은행의 일부 중국지점에서는 중국계좌를 개설해주는 곳이 있다. 베이징과 상하이 등의 큰 지점 보다는 작은 도시에서는 별다른 제약없이 여행객에게도 계좌를 개설해준다고 한다.

아마도 외국인이 중국내 시중은행을 방문해서 계좌를 개설하는 사례가 많지 않기 때문에 은행직원들이 단기여행객의 계좌개설 요구를 거절하거나, 의사소통이 잘되지 않는다는 등의 문제로 계좌를 개설하지 못하는 경우가 종종 있다고 한다.

그래서 어느 한 은행의 지점에서 계좌개설이 안되더라도 다른 은행 지점을 가서 확인해보면 가능할 수도 있다. 계좌개설을 위해 은행을 방문할 때는 반드시 여권과 최근 찍은 증명사진을 지참해야 한다. 중국어가 서툴더라도 중국에는 영어 등으로 소통할 수 있는 은행원이 있다.

또 하나 반드시 준비해야 할 것이 있다. 중국내에서 통화할 수 있는 휴대폰이다. 중국에 가서 대리점을 찾아 중국 유심칩을 사서살 때는 반드시 여권을 제시 한국에서 가져간 휴대폰에 현지 유심칩을 끼워서 활성화시켜, 위챗페이 인증을 받으면 된다. 물론 한국 휴대폰번호로도 인증 받을 수도 있지만 가급적 현지 유심을 사서 통화 및 데이터를 쓸 수 있도록 해야 한다.

위챗페이 사용이 인증된 다음에는 일사천리, 만사형통이다. 중국친구들에게 훙빠오红包를 줄 수도 있고 음식점이든 길거리 노점상이든, 혹은 택시를 타거나 위챗페이와 연동된 '띠띠추싱滴滴出行'을 이용할 수 있다. 위챗페이는 당신을 진정한 중국의 '위챗세상'으로 초대할 것이다.

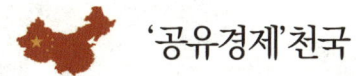 '공유경제' 천국

'승차공유' 서비스의 하나인 '타다' 도입을 둘러싼 논란으로 공유경제의 첫발도 내디디지 못한 한국과 비교하면 중국은 가히 '공유경제천국'이라고 할 정도로 다양한 공유서비스가 제공되고 있다.

택시와 우버는 물론이고 불법 자가용영업인 헤이처黑车와 승합차 및 버스에 이르기까지 다양한 승차수단을 조건에 맞게 이용할 수 있는 '띠디추싱滴滴出行'에서부터 거품이 꺼지면서 서너 개로 정리된 '공유자전거'와 BMW 등 고급차량 공유, AirBNB같은 공유숙박, 농구공, 우산, 보조배터리 등 레저 및 생활용품에 이르기까지 중국에서는 상상할 수 있는 거의 모든 종류의 공유 서비스가 등장했다.

'띠디추싱'과 '메이투안美团'으로 대표되는 중국의 승차공유 서비스는 수십 년간 택시와 경쟁하던 '헤이처'를 시장에서 퇴장시켰다. 헤이처는 중국식 지하경제를 상징하는 대표적인 대중교통이었다. 개인이 소유하고 있는 승용차로 영업을 하는 불법택시로 우리나라에서도 60-70년대 '나라시 택시'라는 속어로 불렸던 자가용영업이다. 택시가 잘 들어오지 않는 시 외곽 변두리나 아파트 등 대규모 주거단지 입구에는 '헤이처'들이 줄지어 기다리고 있다가 호객행위를

| 1 | |
|---|---|
| | 2 |

**공유자전거 서비스 이용모습(공유경제)**
1 공유자전거 서비스는 중국판 공유경제를 이끈 선두주자였다. 지금은 대형업체 두세곳으로 정리되었지만 한 때 우후죽순처럼 공유자전거서비스 업체가 생겨나면서 공유자전거가 거리를 뒤덮기도 했다.
2 요즘은 공유자전거서비스에 가입하지 않아도 위챗페이만 있으면 QR코드를 찍고 바로 이용할 수 있다.

하는 풍경은 일상이었다. 불친절하기로 유명한 베이징과 상하이 등 대도시의 택시들도 띠디추싱 서비스가 본격화된 후 띠디추싱 플랫폼에서 경쟁하게 됨에 따라 친절해졌고 승차거부 등의 횡포가 사라지다시피 했다는 평가도 받고 있다.

띠디추싱으로는 택시와 중국식 우버는 물론이고 버스와 전세차 등 다양한 형태의 승차서비스를 언제 어디서나 이용할 수 있다.

중국식 공유경제는 위챗페이와 알리페이 등 모바일결제와 스마트폰이 결합하면서 비약적으로 성장하게 된다. 회원가입과 복잡한 절차를 생략하고 '휴대폰 QR코드결제'만으로 이용할 수 있는 '페이경제'는 띠디추싱을 전국으로 확장시킬 수 있었다. 2014년에는 '오포ofo'와 '모바이크mobike'로 대표되는 공유자전거 시장이 활짝 열리면서 공유경제 열풍이 불기 시작했다. 14억 인구보다 많은 자전거를 보유한 '자전거대국' 답게 '공유자전거公共单车'시대가 열리자, 중국인들은 1위안元(한화 약 170원)으로 한 달 동안 마음대로 탈 수 있는 공유자전거에 열광했다. 소액의 보증금과 간편한 회원가입, 자전거 잠금장치의 QR코드를 스캔하는 것으로 지하철역은 물론 거리 곳곳 어디에나 세워져있는 자전거를 이용할 수 있는 공유자전거는 '이동수단의 미래'라는 찬사를 받을 정도로 각광을 받았다. 중국 국영언론은 공유자전거를 종이와 화약 등 중국의 4대 발명품에 빗대 중국의 '4대 현대발명품'의 하나라고 찬사를 보내면서 세계에 자랑하기도 했다.

공유자전거 시장을 선점한 '오포'와 '모바이크' 등 양대 업체는 엄청난 투자가 몰리면서 스포트라이트를 받았고 공유자전거 후발업체들이 우후죽순처럼 생겨났다. 1년이 지나지 않아 베이징과 상하이, 광저우 등의 중국 대도시에는 도시 상주인구보다 많은 공유자전거로 인해 관리에 골머리를 앓았다.

공유자전거 업체의 난립으로 후발업체들은 수익은 고사하고 투자가 지속되지 않고 수익모델을 창출하지 못하면서 줄도산했다. 선두업체 '오포'도 사실상 파산상태에 이르렀고, 회원들의 보증금을 완전히 환불해주지 못하고 있다. '모바이크'는 음식과 식당리뷰와 음식배달업체인 '메이투안'에 인수됐다.

그렇다고 중국의 공유경제 전체가 위기에 처하거나 완전한 실패로 귀결된 것은 아니다. 공유자전거처럼 대규모 투자가 필요한 분야에서는 업체 난립이 몰고 온 수익성 악화가 주원인이듯이 적정한 사업조정이 필요하다는 사실을 환기시켜준 것일 뿐이다. 오늘도 중국에서는 공유자전거와 띠디추싱이 거리를 장악한 채 질주하고 있다.

중국식 '공유차'는 우리나라에도 오래 전 도입된 '쏘카'와 '그린카' 등의 공유차 이용과 별반 다르지 않다. 회원가입후 신원인증과 결제방식 등을 승인받은 후 이용할 수 있는 차량 이용 서비스로, 중국의 중산층들에게 매력적인 공유서비스로 인식되고 있다고 한다. 중국의 주요 대도시에서는 교통난에 따라 주차장을 확보하지 못한 사람에게는 차량을 소유할 수 없도록 하고 있다. 따라서 '공유자동차'는 새로운 승차수단으로 각광을 받기 시작했다.

공유경제는 지하철역이나 백화점 극장 등에 비치된 우산과 배터리 등 다양한 일상생활로 확장되고 있다. 심지어 노래방KTV과 개인헬스장 등도 공유하기 시작했고 데이터 쉐어링은 물론, 성인용 '리얼돌' 공유까지 등장했다. 중국의 공유경제가 어디까지 확장될 수 있을지 궁금하다.

중국의 공유경제가 급성장할 수 있는 배경에는 신산업에 대한 중국의 느슨한 규제정책과 더불어 신중국 출범이후 한솥밥 문화 등 집단문화에 익숙해진 중국인의 문화적 전통과 위챗페이 생활화 등의 핀테크산업의 일반화에 기인한 바 크다.

 **'띠디추싱滴滴出行'의 세계**

미국이나 유럽에 출장을 가서 '우버'를 경험한 후 중국에서 '띠디추싱滴滴出行'을 이용하게 되면 감탄을 금치 못한다. 그만큼 띠디추싱의 세계는 고객감동을 넘어설 정도로 편리하고 다양해서 만족스럽기 때문이다.

'띠디추싱'은 쉽게 말하면 '우버'와 택시는 물론 거의 모든 승차수단을 총망라한 집합체라고 할 수 있다. 중국시장에 진출한 '우버'는 띠디추싱의 벽을 극복하지 못하고 중국 우버를 띠디추싱에 넘겼을 정도로 '띠디'의 기세는 중국에서 누구도 막을 수가 없다. 띠디추싱의 '띠디滴滴'는 의성어 '띠띠빵빵'의 중국식 표현이다.

한 때 'IT 선진국'이라고 우쭐대던 우리나라는 카풀서비스는 물론이고 타다같은 차량공유서비스까지 택시업계의 반발에 막혀 한 발짝도 나가지 못하고 있지만 중국은 모빌리티산업 분야에서는 세계 최고 수준으로 발돋움했다.

중국 베이징과 상하이 등의 대도시 뿐 아니라 2, 3선 도시로 불리는 지방 대도시에 가더라도 택시를 잡을 때도 그냥 손들고 잡는 것이 아니라 '띠디'앱을 통해야만 가능할 정도로 '띠디'는 중국인의 이동앱으로 확고하게 자리를 잡았다. 이제 중국에서는 거리에서 손을 흔들면서 택시를 잡는 풍경을 보기가 어려워졌다. 거의 모든 사람들이 '띠디' 앱을 통해 차량을 호출하기 때문에 무작정 거리를 돌아다니면서 승객을 태우는 택시가 흔하지 않다.

물론 아직도 중국에는 '띠디세상'에 편입되지 못한 '헤이처黑车'도 지하세계에 공존하고 있다. 헤이처는 불법자가용 택시로, 영업허가가 없기 때문에 사고가 났을 때 보험처리도 받을 수 없고 안전하지 않다. 특히 손님과 거리에 따라 흥정을 해서 요금을 받기 때문에 일반 택시나 '띠디'를 통해 택시를 타는 것보다 요금이 오히려 비싸다.

**띠디추싱**
띠디추싱은 지하경제의 상징인 헤이처를 몰아냈고 중국의 고질적인 택시서비스를 획기적으로 끌어올렸다.

**띠디추싱 앱**
띠디추싱으로 이용할 수 있는 차량서비스는 다양하다. 우버서비스는 물론이고 택시, 합승, 리무진같은 고급승용차까지도 이용할 수 있다.

'띠디'는 2012년 사업을 시작했다. 불과 7년여 만인 2019년 '우버'에 이어 세계 3위의 '유니콘' 기업기업가치가 10억 달러 이상인 스타트업 기업에 올랐다. 하루에 이용하는 승객이 평균 4억 명 이상에 달한다. 하루 4억명의 승객들이 이용하면서 축적된 '빅데이터'는 상상을 초월한다. 빅데이터를 기반으로 한 4차 산업 확장에 '띠디'는 최적의 조건을 갖추고, 미래를 향해 진군하고 있다. 우버 본사의 투자와 '중국 우버'의 인수 합병을 이끌어 낸 중국의 '띠디추싱'은 이미 일본에 진출해서 일본 최대 택시회사와 함께 중국과 같은 차량공유 사업을 개시했다.

우한발 신종코로나 확진자가 공식 확인되기 불과 얼마전인 2019년 12월 중순, 닷새간의 베이징 출장기간내내 '띠디'를 이용했다. 결제

중국택시 TAXI 네온

시스템에 문제가 생겨 호텔을 나와 직접 거리에서 택시를 잡아보기도 했다. 몇 년 전처럼 직접 택시를 잡으려고 거리에 나섰지만 20여분 동안 택시를 잡을 수 없었다. 허탕이다. 당시 베이징에 살고 있던 딸에게 부탁해서 '띠디'앱으로 호출하자 불과 몇 분 만에 차량이 도착했다. 놀라운 경험이었다. 거리에 운행하는 택시마저 '띠디'에 편입되면서 거리에서 직접 손님을 태우는 경우가 거의 사라진 것이다.

'띠디'의 최대 장점은 편리하고 안전하고 가격도 저렴해서 바가지를 쓰지 않는 것일 것이다. 지난 해 '띠디추싱' 서비스의 하나인 '카풀 서비스' '순펑처顺风车'를 타고 가던 승객이 기사에게 성폭행을 당하고 살해되는 사고가 발생했다. 그래서 이 순펑처 서비스가 한동안 중단되기도 했지만 띠디측이 기사관리를 강화하는 등 사후 안전조치에 나서면서 띠디는 변함없이 중국인의 사랑을 받고 있다.

'띠디'를 이용하려면 앱을 다운받아 회원가입을 하고 결제수단까지 등록해야 한다. 2019년부터는 외국인을 위해 영어판 앱도 서비스

하고 중국내 신용카드와 계좌가 아닌 외국계 카드 등록도 가능해지면서 중국을 여행하는 단기여행자도 이용할 수 있게 됐다.

띠디 앱을 열면 자신의 위치가 표시되는데 승차할 곳을 정확하게 확인한 뒤 목적지를 입력하고 차량을 호출하면 된다. 콜을 잡은 차량기사의 이름과 차량번호가 지도상에 표시되고 몇 분 후에 도착할 수 있는지 예상시간까지 지도상에 표시된다. 호출한 장소에 도착한 기사는 문자를 보내거나 전화로 승객을 호출한다. 목적지에 도착한 후에는 따로 결제할 필요없이 그냥 내리면 끝이다. 띠디앱에 미리 등록한 지불방식을 통해 자동으로 결제되고 문자로 통보되기 때문이다.

띠디를 통해 차량을 호출할 때 기본은 △'콰이처快车'다. 콰이처는 소형승용차로 택시요금보다 10% 정도 저렴하다. 그보다 더 싸게 타려면 합승을 허용한다고 체크하면 된다.

△'좐처专车'는 콰이처보다 고급인데 차량의 연식이나 청소 상태가 더 깨끗해 보였다. 요금은 콰이처보다 10% 정도 비싸다. △택시出租车도 띠디로 호출한다. 디디를 통해 택시를 호출하면 그냥 택시를 잡아서 탈 때보다 택시요금이 더 싸게 나올 때가 많다. 리무진차량이나 최고급 벤츠 같은 고급 외산차로 국빈급 서비스를 제공한다는 △'후화처豪华车'도 호출할 수 있다. 물론 요금은 꽤 비싸다. 띠디를 통해 버스도 전세할 수 있다.

또한 띠디가 편리한 점은 여러 급의 차량을 하나만 선택하는 것이 아니라, △콰이처와 △좐처, △택시 등 여러 서비스를 한꺼번에 호출, 가장 먼저 콜하는 차량을 탈 수 있다. △순펑처는 카풀서비스 사고 이후 기사의 신분검사를 강화한 2019년 하반기부터 서비스가 재개됐다. 띠디를 타면 기사가 목적지를 내비게이션에 입력된 대로 주행하는지를 확인할 수 있어서 '바가지요금'을 쓸 가능성은 거의 없다. 애초 선택한 목적지를 도중에 기사가 바꿀 경우, 앱을 통해 목적지 변경을 해야 한다. 승객의 안전을 위한 띠디추싱의 안전장치인 셈이다.

#  '차茶의 나라' 중국에서 펼쳐지는 커피전쟁. '루이싱瑞幸' 커피 스토리

차茶는 중국인의 일상생활에서 뗄레야 뗄 수 없는 필수기호품이다. 차 없이는 단 하루도 생활할 수 없는 중국인의 식문화는 '신중국'이라고 해서 크게 달라지지 않았다. 누구나 찻잎을 갖고 다니면서 차를 우려먹을 수 있는 보온병이나 물병을 가지고 다닌다. 택시나 버스 기사의 옆에는 항상 차를 담은 보온병이 가지런히 놓여있고 식당에 가면 음식과 더불어 대부분 차를 주문한다. 공항이나 터미널 등의 공공장소에는 누구나 차를 마실 수 있도록 펄펄 끓는 뜨거운 물을 무료로 이용할 수 있는 보온물통이 비치돼있다. 식당에서도 손님이 갖고 온 차를 마실 수 있도록 뜨거운 물을 무료로 제공하고 있다.

'룽징龙井'차녹차와 티에관인铁关音, 보이普洱차 등 중국인이 사랑하는 10대 명차는 세계적으로도 유명세를 타고 있다. 한 때 '차중의 차'로 불리는 발효차 '보이차'는 사재기를 통한 투기수단에까지 오를 정도로 차는 여전히 중국인의 전폭적인 사랑을 받고 있다. 홍콩을 빼앗긴 계기가 된 영국과 중국청(淸)제국의 '아편전쟁1840년' 역시 중국의 차를 대량 수입하던 영국과 아편 밀수를 둘러싼 '차茶전쟁'이었다.

중국의 유명 소설가이자 극작가인 '라오서老舍' 선생을 기리는 베이징에 있는 '라오서차관老舍茶馆'은 차를 마시면서 '경극'공연을 관

**영화 패왕별희의 한 장면**
라오서차관은 차를 마시면서 패왕별희같은 경극을 볼 수 있는 거의 유일한 전통찻집이다.

람할 수 있는 대표적인 베이징 관광명소로 유명하다. 중국의 차문화를 제대로 체험할 수 있는 대표적인 차관차관은 우리의 찻집 중의 한 곳이다.

그러나 이런 중국인의 차 사랑에도 변화가 불고 있다. '커피'가 중국시장에서 급속도로 보급되면서 차와 경쟁하기 시작했다.

1999년 '스타벅스커피'가 당시 베이징의 랜드마크격인 국제무역센터에 1호점을 낸 데 이어 2000년 자금성에 매장을 개설했다. 이 자금성 스타벅스 매장은 중국인들의 거센 비난에도 불구하고 중국시장에 커피를 확산시키는 데 일등공신 역할을 톡톡히 해냈다. 서구문화의 상징과도 같은 스타벅스커피 매장은 2019년 말까지 중국내 3,700여 곳으로 확장됐다. 급기야 지난 해 부터는 공룡기업 '알리바바'와 손잡고 커피배달 서비스까지 도입했다. '차茶의 나라' 중국에서 이제는 커피와 더불어 차茶도 함께 팔기 시작한 '스타벅스커피'는 2023년까지 6,000개로 매장수를 확대한다는 공격적인 마케팅 전략을 발표했다.

**중국스타벅스**
스타벅스(星巴克咖啡)는 1999년 베이징 국제무역센터에 1호점을 내면서 중국에 진출했다.

2000년 자금성내에 스타벅스커피 매장이 들어섰다. 자금성에 들어서면 바로 오른쪽에 스타벅스 매장이 떡하니 자리잡자, 중국인들은 '차관'이 아니라, 미국문화의 상징과도 같은 스타벅스같은 대표적인 미국식 카페의 입점은 '중국인의 자존심에 상처를 입힌 것'이라며 논란을 벌이기도 했다. 결국 스타벅스커피 자금성 매장은 중국 당국이 이런 저런 꼬투리를 잡아 2007년 자금성에서 철수하도록 했다. 그 때까지만 해도 중국 전역에 커피매장이 지금처럼 늘어나고 커피를 즐기는 중국인이 급격하게 증가하리라고는 상상도 못했다.

베이징 올림픽이 열리기 전까지는 중국의 수도 베이징에서도 '커피매장'을 찾기 어려웠다. 그나마 중국에 거주하는 외국인들이 많이 사는 곳이나 가야 스타벅스 같은 외국계 커피매장을 볼 수 있었다. 그로부터 불과 10여년이 지난 요즘은 차를 마시는 중국식 '차관'이 커피숍보다 더 찾기가 어려워졌다. 중국인들의 차 사랑이 식은 것은 아닐 것이다. 차관이 사라진 것은 굳이 찻집을 가지 않아도 식당에 가서 식사와 더불어 차를 함께 마실 수 있기 때문이다.

중국인의 커피문화에 불을 당긴 것은 20년 동안 중국시장을 장악해 온 스타벅스커피를 위협할 정도로 공격적인 확장 마케팅을 구사하는 중국 토종 커피 '루이싱瑞幸(luckin)'이다. 브랜드 로고의 '사슴'이미지로 인해 '사슴커피'라는 애칭으로도 불리는 '루이싱' 커피는 스타벅스커피보다 20~30% 싼 가격과 (스마트폰)앱을 통한 커피주문 및 배달서비스를 도입, 단숨에 스타벅스커피를 따라잡을 수 있는 폭풍기세로 급성장하고 있다. 커피시장에 진입한 지 2년 만인 2019년 초까지 스타벅스 매장수에 버금가는 3,000여개 매장을 오픈한 데 이어 2019년 말 기준 목표대로 4,507개의 매장을 오픈했다. 명실상부하게 매장 수로는 중국 최대 커피브랜드가 된 셈이다.

이제 루이싱 역시 스타벅스와 마찬가지로 커피 외에 차 브랜드 '샤오루차小鹿茶'를 론칭, 중국 음료시장의 진정한 1위 자리를 노리고 있다.

루이싱은 2020년 커피머신을 통한 무인판매로까지 사업영역을 확장했다. 무인커피머신 루이싱커피익스프레스를 통해 즉석 무인커피시장을 열겠다는 것이다.

이같은 루이싱의 단기간의 성장은 스마트폰의 진화와 중국인의 생활이 된 페이문화와 연결돼있다. 주문에서부터 결제와 배달에 이르기까지 전 과정을 스마트폰 앱을 통해 진행하기 때문에 대형매장을 개설하지 않더라도 가능해진 것이다. 루이싱 커피는 앱결제외의 다른 결제수단은 통하지 않는다. 신용카드도 사용불가다.

3년 만에 스타벅스의 위상을 위협한 중국 커피 루이싱

이제 신중국에서는 본격적으로 차와 커피의 대결이 펼쳐질 기세다. 스타벅스가 차의 본고장에서 차茶까지 팔기 시작했고 중국 토종 브랜드는 커피전쟁에 이어 차로도 전선을 넓혔고 쥬스시장과 무인 판매로까지 전선을 다양화하고 확장시켰다. 바야흐로 중국에서는 차와 커피전쟁 2라운드가 펼쳐지고 있다.

그런데 루이싱커피의 성공신화는 하루아침에 무너졌다.
'중국판 스타벅스'로 불리며 중국시장에서 스타벅스와 커피전쟁을 주도해 온 루이싱커피는 창업 3년만인 지난 해 5월 '나스닥 시장'에 상장하면서 명실상부한 스타벅스 라이벌이 되는 듯 했다.
그러나 올해2020년 1월 미국의 한 투자캐피탈로부터 루이싱커피의 매출이 부풀려졌다는 의혹이 제기됐다. 이후 루이싱커피는 지난 4월, '지난 해 2~4분기 매출 규모가 22억 위안약 3,800억원 부풀려진 것으로 추산된다'며 회계부정을 인정했다. 루이싱커피 주가는 곧바로 85%나 하락하면서 투자자들이 엄청난 손실을 봤다. 4월 7일부터 루이싱커피의 주식거래는 정지됐고 나스닥은 상장폐지를 결정했다. 루이싱커피측이 나스닥에 청문회를 신청했다가 자진 취소함에 따라 결국 6월 29일 나스닥으로부터 루이싱커피는 상장 1년도 채 되지 않아 퇴출됐다.
중국기업들의 회계부정 등이 잇따라 문제가 되자 중국 대기업들의 미국주식시장 진출이 어려워질 전망이다. 미 상·하원이 올 들어 회계부정이 적발된 중국기업들의 미 증시 상장을 폐지할 수 있는 법안을 잇따라 통과시켰기 때문이다. 이미 나스닥에 상장된 '징둥닷컴

▲ 루이싱 커피매장 외관
◀ 루정야오 회장

京东'은 미국시장에서의 2차 상장을 포기하고 홍콩에서 상장하기로 하는 등 기민하게 대응하고 있다.

　루이싱커피는 나스닥상장폐지에도 불구하고 4천여개에 이르는 중국내 매장 영업을 계속한다고 발표하면서 중국시장에서의 성장전략은 변함없다고 밝혔다. 이번 사태에 책임을 지고 루이싱커피 루정야오陸正耀 회장도 사퇴했다.

 ## 스마트폰이 지배하는 중국생활

중국에 가서 중국인 지인과 친구들을 만날 때마다 유심히 그들이 사용하는 휴대폰브랜드를 본다. 왜 화웨이와 샤오미 등의 중국브랜드 제품을 쓰는지 물어보곤 한다. 역시 중국에선 '화웨이华为'가 대세였다. 10여 년 전까지만 해도 '삼성'이 중국 프리미엄폰 시장에서 최고의 인기였다. 지금은 화웨이가 그 자리를 차지했고 샤오미小米, 오포, 비보 등 중국 토종 브랜드들이 상위권을 차지하고 있었다. 애플苹果아이폰은 5위로 내려앉았다. 세계 1위를 차지하고 있다는 삼성은 중국에서는 10위에도 들지못하는 1%가 되지 않는 미미한 수준이다.

10여 년 전 샤오미가 온라인 판매를 바탕으로 중국내에서 큰 인기를 끌기도 했지만 미-중무역전쟁이 시작되면서 '화웨이'죽이기 논란이 일고난 후에도 화웨이 독주현상은 멈추지 않고 있었다. '화웨이'는 이후 구글Google 엔진을 탑재하지 못하면서 글로벌마켓에서는 위축됐지만 오히려 중국에서의 독보적인 위상은 중화주의와 더불어 더욱 두드러졌다. 무역보복이라는 직격탄에도 불구하고 중국 스마트폰 시장에서의 화웨이 점유비중은 점점 더 높아진 것이다. 화웨이는 2019년 3/4분기 중국 온라인 스마트폰 시장의 46%를 차지했다.

화웨이 로고

'중화주의' 등 중국정부가 주도하는 민족주의와 애국마케팅 때문만은 아닌 것 같다.

화웨이는 '늑대정신'이라는 기업정신을 내세우면서 '중국의 삼성'이라는 호칭까지 받고 있는 중국 청년들이 가장 입사하고 싶은 직장으로 우뚝 서기까지 했다. 이미 4G, 5G통신장비 부문에서 세계 최고수준의 글로벌기업으로 자리 잡았다. 일찌감치 '짝퉁' 폴더블 휴대폰을 만들어 독일의 IFA베를린 국제가전박람회에 중국에서 처음으로 진출한 것도 화웨이였다. 삼성이나 애플이 화웨이를 비롯한 중국 스마트폰에 세계 1위 자리를 내주는 날도 멀지 않은 것 같다. 어느 기업이나 몰락한 '노키아'나 '모토롤라'가 될 수 있는 것이 냉혹한 경쟁의 기업세계다.

구글의 안드로이드 운영체제 탑재 거부는 중국소비자들의 선택에 아무런 영향을 미치지 않는다. 중국에서는 당국의 '인터넷통제' 조치로 인해 구글맵은 물론이고 페이스북과 트위터, 유튜브 등을 사용하지 못하고, 구글의 플레이스토어Playstore 구동조차 되지 않기 때문에 최신 '안드로이드'를 탑재하지 못하거나 '유튜브' 등의 구글 앱을 사용하지 못한다는 점은 중국 소비자들에게는 별다른 핸디캡으로 작용하지 않는다.

우리나라에서는 삼성이나 LG 혹은 애플 등 주요 휴대폰 제조브랜드가 자사 모델만 전시홍보하는 안테나숍 같은 자체 매장은 사실상 없다. 대부분의 휴대폰 가입자들은 통신사 대리점에 가서 약정을 맺고 휴대폰을 구입하고 있다. 그러나 중국은 우리와는 사정이 전혀 다르다. '차이나모바일'이나 차이나유니콤, '중국전신' 등 중국내 여러 통신사들이 시장을 주도하는 것이 아니다. 화웨이와 샤오미 오포 등 휴대폰 제조사들이 시장을 이끌고 있다. 휴대폰 제조사들이 자사 휴대폰만을 판매하는 전문매장을 운영하고 있는데, 소비자들은 선호하는 휴대폰을 구매한 후 각 통신사들이 내놓은 휴대폰 요금과 약정 등을 선택해서 가입하고 있다.

중국 휴대폰 요금제는 그야말로 천차만별이다. 연간 2~300위안3만4,000원~5만1,000원 내는 저렴한 요금제가 있기도 하고 매달 200위안 이상 내기도 한다. 1GB데이터에 1천 원 정도를 내는 요금도 있다. 그러나 2019년 연말 5G서비스가 시작되면서 휴대폰요금은 전반적으로 크게 올랐다.

또 하나 중국에서 간과할 수 없는 것이, 우리나라는 휴대폰요금을

**런정페이와 시진핑**
화웨이의 급속한 성장배경은 CEO 런정페이와 중국공산당와의 관계와 무관하지 않다는 게 정설이다.

약정한 금액만큼 후불제로 내는 반면 중국에서는 미리 요금을 내는 선불제로 요금을 내고 사용한다는 점이 다르다. 쉽게 말하자면 중국 통신사들이 휴대폰사용자를 신뢰하지 않기 때문에 빚어진 일이다. 신용카드 대신 '페이결제'가 급속하게 보급된 사회라는 것은 그만큼 사회적 신뢰가 단단하지 않다는 반증이기도 하다.

신중국을 살아가는 중국인에게 휴대폰스마트폰은 생활의 동반자 이상의 존재가 됐다. 스마트폰이 없으면 이제 중국인은 아무 것도 할 수 없는 존재가 됐다고 해도 과언이 아니다. 신분증도 휴대폰이 대체할 전망이다. 중국정부는 2019년 12월 1일부터는 신규로 휴대폰을 개설할 때 가입자의 얼굴 스캔을 의무화했다. 지금까지는 신분증을 복사하고 사진을 제출하는 것으로 신분을 확인했지만 이제 3D로 얼굴까지 스캔해서 제출해야 한다. 중국정부는 휴대폰가입정보만 확보한다면 신규가입하는 모든 중국인의 정보를 통해 통제하는 '빅브라더' 세상을 구축할 수 있게 되는 셈이다.

이미 스마트폰을 통해 결제하는 '페이경제위챗페이, 알리페이 등'가 거의 대다수 중국인의 소비생활을 지배하고 있는데 이어 신분 증명까지도 스마트폰을 통해 이뤄지게 될 것이다. 혹시라도 스마트폰을 분실하거나 도용당하는 경우에는 경제적으로도 엄청난 손해를 감수해야 할 뿐 아니라 신분도 증명할 수 없거나 다른 사람에게 도용당할 수 있는 부작용을 감수해야 한다는 것을 의미한다.

수년 전 중국에서 개통해서 사용하던 중국 휴대폰 요금을 6개월 이상 내지 못하고 연체된 채 방치했다가 사용정지가 되었다.

그런 줄도 모르고 지난 2019년 겨울 베이징에 가서 이 휴대폰과 연계된 위챗계정을 사용했는데 갑자기 위챗페이 결제가 정지되는 일이 발생했다. 연결계좌에는 문제가 없었지만 나도 모르게 정지된 후 자동해지된 중국 전화번호가 문제를 일으켰다. 정기적으로 사용자 인증을 해줘야 계좌가 활성화되는데 연계된 스마트폰으로 인증을 해주지 못하는 바람에 위챗 결제계정이 제한된 것이다. 스마트폰에 문제가 생기면 당장 위챗계정과 연동된 띠디추싱도 사용할 수 없게 되고 웬만한 결제를 다 처리하던 페이도 사용할 수 없게 된다.

그래서 한국 스마트폰을 입력해서 인증을 받으려고 했지만 당초 연계된 중국휴대전화로만 인증이 된다고 한다. 난감했다. 꽤 많은 위안화가 그 계정에 묶여있었다.

    스마트폰에 문제가 생기면 생활 자체가 난감해진다. 나같은 불편을 수많은 중국인들도 겪고 있을 것이다.

 ## 중국 IT기업의 상징, '샤오미小米'

'샤오미小米'는 신화인가

'샤오미'와 '화웨이华为'를 빼놓고 중국의 IT산업을 얘기할 수 없을 정도로 샤오미와 화웨이의 성공스토리는 중국경제의 압축성장을 상징한다.

지금껏 보지못한 가성비좋은 스마트폰 '배터리'에 대해 우리나라 소비자들이 '대륙의 실수' 운운하면서 평가절하해 온 샤오미는 5G 스마트폰은 기본이고 4K UHD TV, '나인봇' 등 최신, 최첨단 제품을 선도적으로 시장에 내놓은 중국 IT산업의 아이콘으로 폭풍성장중이다.

샤오미 로고

샤오미가 중국인의 사랑을 넘어 세계적인 관심을 받는 기업으로 발돋움하게 된 것은 신중국 건국의 아버지로 불리는 '마오쩌둥毛泽东'의 중국혁명스토리가 큰 도움을 줬다는 점은 잘 알려지지 않았다.

중국공산당은 초창기에 장제스蔣介石의 토벌작전에 쫓겨 도망을 다닐 수밖에 없었다. 그것이 '대장정'이라는 수식어로 포장된 중국공산당의 포위망 탈출 및 생존전략이었다. 1만5,000km에 이르는 대장정1934~1935을 통해 살아남은 중국 공산당은 서북지방 '옌안延安'에 본거지를 두고 13년간 은거하면서 힘을 길렀다. 마오의 '옌안시대'에는 외부에서 오는 물자가 부족해서 마오 주석은 물론이고 모든 당 간부나 인민들이 하루에 3전의 소금과 5전의 기름을현재 중국에서는 1근은 500g이며 1전钱은 5g이다. 다만 신중국 이전에 1전은 3,73g이었으며 홍콩에서는 1근=16량=160전의 과거 도량형을 계속 쓰고 있다. 배급받아서 좁쌀밥을 지어먹을 정도로 곤궁한 생활을 해야 했다. 1935년 3월 15일 인도에서 온 지원 의료단과 '좁쌀밥과 버섯과 죽순'으로 된 만찬을 하면서 마오 주석은 "우리는 좁쌀밥을 먹고 소총으로 투쟁을 하고 있지만吃小米拿步枪, 저 강대한 일본군과 맞서 능히 싸울 수 있다고 굳게 믿고 있다"고 강조했다.

이 때 마오 주석이 밝힌 '좁쌀小米정신'이 바로 샤오미의 창업 이념으로 회자되면서 샤오미는 마오쩌둥의 정신을 이어받은 신중국의 '국민기업'이라는 이미지를 굳히고, 성장하는데 큰 도움이 됐다.

샤오미는 창업 초기에 오프라인 시장에서 유명브랜드의 '짝퉁'제품이 활개를 치고 있다는 점을 고려, 온라인으로 스마트폰을 발표하고 온라인으로만 판매했다. 애플의 아이폰과 삼성 스마트폰이 중국

샤오미 배터리

은 물론 세계 스마트폰 시장을 독과점하던 시절이었다. 당시 중국업체들이 '짝퉁' 스마트폰을 대량으로 제조해서 재미를 보고있었다. 샤오미는 짝퉁 스마트폰이 난무하던 오프라인 시장을 거부하고 온라인으로만 샤오미 휴대폰을 팔았다. 그리고 샤오미 고유의 운영체제인 MIUI를 개발, 소스를 공개하면서 소비자들과 공유하면서 '샤오미 생태계' 구축에도 나섰다.

결과는 대성공이었다. 샤오미는 스마트폰에 그치지 않고 온갖 종류의 가전제품은 물론이고 전동 킥보드, 공기청정기, 전기주전자포트 등 다양한 전자기기제품을 출시, 유통혁명으로 승부를 걸었다. '애플워치'와 '갤럭시워치' 등 웨어러블착용형 기기 시장이 열리자 스마트밴드 '미밴드'를 내놓았고 액션캠은 물론 UHD TV시장에도 진출, 현재 중국 온라인 TV마켓의 21%를 장악했다.

**샤오미매장小米之家**  션전에서 오픈한 최초의 샤오미매장

샤오미는 샤오미 브랜드의 자체 생산 공장을 가지고 있지 않다. 샤오미는 제품을 기획하고 개발하는 과정에서 제조업체와 협력한다. 자체적으로 마련한 품질 표준을 통과한 제품에 한해서 '샤오미' 브랜드를 붙여서 판매한다. 이런 '샤오미 생태계'에 들어가 있는 기업만 270여개에 이른다.

그러나 샤오미도 수년 전부터 판매전략을 바꿨다. 중국시장 1위를 굳건하게 지키고 있는 화웨이와 오포, 비보 등 스마트폰 경쟁업체들의 부상으로 온라인 판매만으로 시장을 지키고 확대하는 전략이 한계에 부딪치게 된 것이다. 샤오미는 온라인 시장과 별개로 과감하게 오프라인 판매망 구축에 나섰다. '미MI' 브랜드를 전면에 내세운 '샤오미 매장小米之家'을 중국전역에 1,000개까지 개설해 오프라인 판매에 나섰다.

샤오미는 스마트폰 시장에 머물러 있지 않았다. 휴대폰과 온갖 종류의 가전제품 회사에서 AI인공지능와 사물인터넷 기업으로의 재도약을 모색하고 있다. 다양성을 갖춘 '샤오미 생태계'는 사물인터넷 세상을 가능하게 하는 다른 기업이 갖추고 있지 않은 무궁무진한 네트워킹이다.

샤오미 창립자이자 CEO인 '레이쥔雷军'은 미·중 무역전쟁이 한창이던 2019년 초 베이징에서 차기 전략발표회를 갖고 "이제 'AIotAI+Iot' 시대다. 샤오미는 AI인공지능 기반의 사물인터넷Iot 생태계 개발에 5년간 100억 위안약 1조7000억 원을 쏟아 붓겠다." 고 선언했다. 세계가 샤오미에 박수를 보낸 것은 중국제품은 값싼 싸구려제품으로, 품질마저 조악하다는 기존의 인식을 깨뜨렸기 때문일 것이다. 중국제품에 대한 부정적 인식을 무참하게 깨뜨리는데 성공한 샤오미의 스마트폰 충전용 배터리는 품질은 최고 수준임에도 가격은 기존 유명제품의 1/3에 그칠 정도로 '가성비갑甲'이었기 때문'이다. 샤오미를 통해 중국산이라는 이유로 중국제품을 사지 않겠다는 이유가 하루아침에 사라진 것이다. 샤오미의 가성비 전략은 통했다. 자사의 이익을 최소화해서 시장을 장악한 후, '규모의 경제'를 통해 시장을 넓혀간다는 것이다.

물론 샤오미의 중국내 스마트폰 시장 점유율은 점차 줄어들고 있다. 화웨이 등 경쟁업체의 급속한 성장과 시장 장악 때문이다. 2019년 3분기 샤오미의 중국시장 스마트폰 사업매출이 8%나 감소하는 등 샤오미의 성장전략에 빨간 불이 켜졌다.

CEO 레이쥔은 '소프트웨어 개발자'였다. 1969년생인 그는 후베이성우한 폐렴의 진원지가 후베이성이다에서 태어나 우한武汉대학 컴퓨터공학과를 졸업했다. 이후 '산써三色'라는 프로그램개발 업체를 창업했지만 폐업했다. 그후 중국내 중견 소프트웨어업체인 '킹소프트'에 입사해서 6년 만에 대표가 됐으나 사표를 내고 한동안 '엔젤투자자'로 활동하면서 IT산업의 미래를 꿰뚫어보는 안목을 길렀다.

2010년 레이쥔은 7명의 투자자와 함께 '샤오미'를 공동 창업했고 10여년 만에 샤오미를 중국 IT기업의 대표주자로 만드는데 성공했다. 샤오미의 도전은 앞으로도 이어질 것이다.

 # 짝퉁천국 중국, 지적재산권 보호의 전면에

'짝퉁천국' 중국이 지적재산권 보호의 전면에 나서고 있다. 명품 브랜드 제품을 그대로 모방한 제품을 우리는 '짝퉁' 혹은 '짜가'라고 부른다. 세계의 공장인 중국은 짧은 제조대국의 역사로 인해 자체적인 명품브랜드가 상대적으로 적다. 대신 세계적인 유명 명품 브랜드들이 제조원가를 낮추기 위해 중국에 제조공장을 두고 자사브랜드 제품을 생산하거나 하청생산하고 있다. 예전에는 중국산 짝퉁제품의 모방수준이 뒤떨어졌다는 평가를 받았으나 최근에는 오히려 진품보다 품질이 더 낫다는 말을 들을 정도로 정교해졌다. 복사하듯 똑같이 만드는 짝퉁을 전문적으로 생산하는 공장은 중국 곳곳에 널려있다. 또 이들 명품짝퉁은 베이징北京과 상하이上海등의 대도시는 물론이고 칭다오青岛 와 옌타이烟台 등 중소 도시에 가더라도 도처에 있다. '짝퉁제품'을 전문적으로 파는 시장과 가게는 중국 전역에 넘쳐난다.

짝퉁제품은 중국어로 '찌아마오假冒(가짜상품)', '마오파이휘冒牌货'라고 한다. 또는 '산자이山寨'라고 부르는데, 산적들이 은거하는 산채라는 의미가 가짜명품을 대량생산하는 산적 소굴로 의미가 확장된

**베이징 국제무역센터 주변 전경**

것이다. 명품에 버금가는 짝퉁은 세계적인 명품브랜드들이 중국내 생산기지를 속속 구축한 후, 중국에서 생산한 명품을 세계시장에 내놓으면서 정교한 명품 특유의 제조기술이 중국에 이전되면서 촉발한 측면도 있다. 10여 년 전 유통되던 산자이는 품질이 정품에 비해 떨어지거나 조악한 제품이 많았다. 그러나 최근 유통되고 있는 중국산 명품짝퉁은 정품과 다름없거나 오히려 더 뛰어난 품질로 전문가들 조차 구분하기가 힘들어졌다.

 지난 연말2019년 베이징에 간 김에 짝퉁으로 유명했던 '시우쉐이제秀水街商場'를 가봤다. 지하1층부터 지상6층까지 가득한 전 매장에서 가방과 속옷, 시계, 신사복, 여성복, 보석과 장신구, 전자제품에 이르기까지 정말 다양한 제품을 판매하고 있었다. 세계적인 명품 브랜드들은 여기서 모두 만날 수 있을 정도로 제품은 다양했다. 가방을 파는 지하 1층에 갔더니 종업원들이 한국말로 호객행위를 했다. 한 눈에 한국인이라는 사실을 파악할 정도로 눈썰미가 좋았다. 그들이 처음에 부르는 가격은 명품의 절반이하에서 1/5 정도의 가격이었다. 흥정은 요령껏 해야 했다.

베이징처럼 큰 규모는 다른 도시에서는 찾을 수 없지만 주요 도시마다 규모는 달라도 어디서나 짝퉁을 살 수 있다. 실제로 이날 가방과 시계 등을 사면서 확인해 본 품질은 짝퉁이라는 티가 나지 않을 정도로 뛰어났다. 세계 최고의 가전브랜드로 성장한 중국브랜드 '하이얼海尔'이나 '샤오미小米'가 GE나 삼성, 애플을 모방하면서 기술을 축적, 세계적 기업으로 발돋움했다는 것을 생각하면 모방을 통한 짝퉁제품 생산은 중국제조업의 출발선인 셈이다.

2019년 '아이폰 11'이 출시되면서 무선이어폰 '에어팟 프로'가 공개됐다. 중국에서는 불과 며칠 후 에어팟 프로와 외관상 차이가 없는 '차이팟 프로'가 tws라는 회사브랜드로 시장에 나왔다. 가격은 249달러인 에어팟의 1/8~1/10수준이었다. 여전히 지하시장에서는 짝퉁 아이폰과 짝퉁 삼성폰은 물론, 중국브랜드인 화웨이, 샤오미의 프리미엄스마트폰 짝퉁버전도 버젓이 판매되고 있었다.

2010년 '볼보'자동차를 인수한 중국의 '지리吉利'자동차가 2019년에는 세계 최고의 자동차 회사의 하나인 '벤츠'의 최대주주가 됐다. '지리'가 예전에 중국시장에 출시한 대형세단 'GEERY GE'는 '롤스

 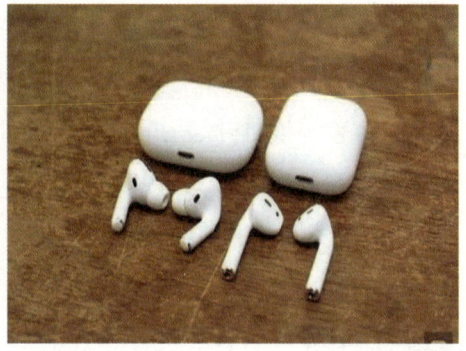

에어팟프로 로고 　　　　　　　　　　　차이팟프로

로이스'를 공공연하게 카피한 사실상 '짝퉁'자동차였다. '짝퉁차'를 버젓이 생산하던 중국차회사가 덩치를 키워, 자동차의 원조기업격인 유럽의 자동차기업을 인수, 세계 자동차시장의 판도를 바꾸고 있다.

2019년 12월 초, 베이징 고급인민법원은 일본 '무인양품無人良品'과 중국 '무인양품无人良品'의 상표권 분쟁 소송에 대해 판결을 내렸다. 원조인 일본기업이 중국기업에 62만6,000위안을 배상하고 중국 내 무인양품 매장 및 온라인몰에 대한 권리침해에 대한 사과공지를 하라는 것이 판결요지였다.

짝퉁기업이 원조기업에 대해 승소한 것이다. 일본 무인양품은 1980년 설립됐지만 중국시장에 정식 진출한 것은 2005년이었다. 2001년 중국기업이 '无人良品'상표를 중국에 등록했기 때문에 중국에서의 상표권을 인정하지 않은 것이다. '설빙' 등 우리나라의 많은 프랜차이즈 기업들이 중국시장에 진출했지만, '무인양품' 사례와 같이 상표권을 먼저 등록한 중국기업들 때문에 유사한 소송에 휘말

리거나 경영상 어려움을 겪고 있는 것이 남의 일이 아니다.

무작정 베끼는 짝퉁제품의 피해는 해외유명브랜드만 보는 것은 아닌 모양이다. 자본을 갖추고 있으면서 디자인 카피능력까지 겸비한 대형 '산자이' 기업은 세계적인 명품제품을 카피한다. 그러나 중국내 소규모 기업들은 토종브랜드를 카피한다. 이를테면 중국시장을 석권하고 있는 '화웨이'나 '샤오미', oppo, vivo 등의 중국내 유명 브랜드 스마트폰이 대상이다. 이들 브랜드 스마트폰은 독자매장에서 판매되고 있지만, 길거리나 짝퉁매장에 가면 아이폰과 삼성폰은 물론 중국산 브랜드 짝퉁도 버젓이 유통되고 있었다. 얼마 전 한 중국 온라인쇼핑몰에서 '화웨이华为' 최신 스마트폰 P30을 우리 돈 12만원 정도에 판매하고 있었다. 배송된 제품은 외관 디자인과 상품명만 흉내낸 짝퉁제품이었다. 통화나 기능 등에서는 큰 차이가 없었다.

모방하는 것은 중국에서 더 이상 범죄로 치지 않는다. 중국식 '산자이山寨 문화'는 각 분야로 전방위로 확산되고 있는 분위기다. 사드 사태 이전 한국의 드라마가 중국에서 폭발적인 인기를 끄는 등 한류문화가 확산될 때 였다. 그 때 한국의 드라마 '별에서 온 그대'와 '상속자들'은 중국에서 큰 인기를 끌었다. 그러자 곧바로 중국에서 두 드라마의 주요 내용을 섞어서 구성한 '별에서 온 상속자'가 TV드라마와 영화로도 제작돼 중국내에선 인기를 끌기도 했다. 제작자는 저작권 침해 등에 대해서는 아랑곳하지 않고 한 매체와의 인터뷰에서 "이 드라마와 영화별에서 온 상속자를 한국에 수출할 것이다. 한국의 시청자들도 아주 좋아하게 될 것"이라고 자신만만해했다.

중국이 마침내 지식재산권을 총괄하는 '세계지식재산권기구WIPO' 수장에 도전장을 내밀었다. WIPO는 유엔 산하 지식재산권 전문기구로 특허권 등 지식재산권을 보호하기 위한 국제 규범을 제정하고 관리하는 기관이다. WIPO는 2020년 9월, 6년의 임기가 끝나는 프란시스 거리 WIPO 사무총장 후임에 왕빈잉67 WIPO 사무부총장을 추천하기로 했다. 일본, 싱가포르, 카자흐스탄 등 7개 국가가 후보를 추천했고 미국은 중국이 WIPO를 맡아서는 안된다며 저지에 나섰다.

이번 중국의 도전은 실패했다. 미국의 지지를 등에 엎은 다렌 탕 싱가포르 특허청장이 중국 후보인 왕빈잉을 꺾고 차기 사무총장에 당선됐다.

 **자동차강국 중국**

14억의 인구를 가진 G2 경제대국. 그러나 중국이 아직도 선진국을 따라잡지 못한 두 가지 분야가 있다면 축구와 자동차일 것이다. 축구에 대해서는 '축구광'으로 알려진 시진핑习近平 국가주석이 2011년 중국 국가부주석으로 있을 때, (중국의)'월드컵 자력진출'과 '월드컵대회 중국 개최' 및 '월드컵 우승'이라는 세 가지 '중국몽'을 제시한 이후 '축구개혁프로젝트'를 가동하고 있다. '2022년 카타르 월드컵'에 자력으로 진출하는 것이 첫번 째 시 주석과 중국인민들의 중국몽이다. 아시아지역 2차 예선이 진행되고 있는데 중국이 A조 2위에 올라 가능성은 어느때보다 높은 편이다.

축구와 달리 자동차 선진국 중국몽은 착착 진행되고 있다.

경제성장을 바탕으로 빠른 시간에 '벼락부자'들을 양산하는데 성공한 중국은 세계 최대 자동차 소비시장이 된 지 20여년이 넘었다. 그래서 글로벌 자동차 브랜드들은 너나할 것 없이 모두 중국에 생산기반을 마련하고, 중국시장 공략에 나서고 있다. 뿐만 아니라 해외브랜드와의 합작이 아닌 중국산 토종 중국자동차 메이커의 성장세도 놀랍다. 토종 자동차 브랜드 수는 무려 70여개에 이른다. 우리나라는

**볼보자동차**
중국은 자동차회사를 사들임으로써 자동차선진국에 진입했고 자동차중국몽을 달성하고 있다.

현대·기아차에 GM 쉐보레, 쌍용, 삼성 등이 고작인데 비하면 중국은 가히 '자동차강국', 자동차메이커 천국이라고 부를 수 있을 정도로 많다.

2000년대 초반 '난징南京공장'을 시작으로 베이징을 기반으로 한 중합작을 통해 중국에 진출한 현대차는 중국내 4곳에 생산기지를 구축, 본격적인 중국시장 공략에 나서고 있다. 한 때 중국시장 판매 5위에 오르기도 했다. 그러나 가격과 품질을 앞세운 중국 토종메이커들의 성장에 오래전에 10위권 밖으로 밀려났다. 이와 관련, 관련업계에서는 중국시장에서의 현대차의 이미지가 확고하지 못한 결과라고 지적하고 있다. 독일과 일본 미국차에 비해 고급이미지를 구축하지 못한 반면, 가격경쟁력에서도 토종메이커들의 추격에 따라잡혔기 때문이라는 것이다.

지리브랜드 볼보 로고

2010년 스웨덴의 볼보자동차를 인수한 중국 토종 자동차 '지리吉利(Geely)'는 2018년 2월 벤츠자동차의 모기업인 다임러 그룹의 최대주주로 등극했다. '볼보'에 이어 최고급자동차의 상징인 '벤츠'까지 중국에 넘어갔다. 중국은 볼보와 벤츠 외에도 다른 글로벌 지동차 브랜드를 집어삼킬 것으로 보인다.

글로벌자동차기업으로 성장한 토종 '지리'는 중국내 자동차 판매량에서도 '상하이따중上海大众(상하이차와 폭스바겐과의 합작)', '이치따중一汽大众(중국 이치차와 폭스바겐 합작사)', '상하이통용上海通用(상하이차와 GM합작)' 등에 이어 4위에 올랐다. 3개의 합작브랜드를 제외한 토종메이커로는 1위다.

중국산 자동차는 그동안 '중국산'이라는 싸구려이미지와 자동차 브랜드로는 짧은 역사로 인한 미약한 인지도, 사회주의국가 특유의 서비스 마인드 부족 등으로 자동차와 고급가전제품 시장에서 글로벌시장 공략이 쉽지 않았던 것이 사실이다. 그러나 볼보와 벤츠 등을 중국기업으로 만든 중국차메이커들의 세계시장 진출이 본격화될 것은 명약관화다.

샤오미小米같은 스마트폰과 소형가전 등을 제조하는 중국브랜드가 '가성비'를 내세워 국내소비자를 비롯한 글로벌 시장에서 인기를 끌면서 성공신화를 썼다. 그러나 고도의 기술력과 세계시장 진출 노하우는 물론이고 제조기술의 전통과 더불어 IT 등 첨단기술을 총망라해야 하는 자동차산업에서 중국이 자동차 선진국들을 따라잡고 있는 현실은 놀라움을 넘어 경이로울 정도다.

차세대자동차인 전기차 분야에서는 미국의 테슬라가 부동의 세계 1위 자리를 고수하고 있다. 중국차도 테슬라를 위협할 정도로 세계 전기차 시장을 석권할 기세다. 당장 '중국의 테슬라'라고 불릴 정도로 세계무대에 잘 알려진 '퓨쳐모빌리티'가 GM이 철수한 한국의 군산 GM공장을 인수, 한국에서 전기차를 양산, 국내 전기차 시장에 진출할 채비를 갖췄다. 퓨쳐모빌리티 전기차는 테슬라에 버금갈 정도로 세계적 수준의 기술력을 갖추고 있는 것으로 평가되고 있어 국내에서는 현대차 주도의 국내 전기차시장이 쉽게 공략당할 수 있다는 지적이다. 이 회사는 중국 최대 IT업체 '텐센트'그룹과 아이폰의 중국내 생산기지인 타이완 '폭스콘'과도 합작의 손을 잡았다.

국내자동차 시장에도 이미 중국산 자동차가 진입했다. 중국산 트럭 등 상용차가 오래전부터 소량 수입되고 있고 승용차도 진입할 테세다. 지리가 인수한 볼보는 'SUV S90'을 국내에 판매하고 있는데, 이 모델은 전량 중국공장에서 생산된 것이라고 한다. 한국시장을 겨

**이치따중 로고**
중국의 제일자동차(이치)와 독일 폭스바겐의 합작사인 '이치따중'은 중국내 판매량 2위의 자동차 기업 이다.

냥한 다음 중국차는 SUV다. '똥펑東風 자동차DFSK'는 가격경쟁력을 앞세운 자사의 SUV 차량을 조만간 국내에 출시한다고 발표했다. '지리'는 전기상용차를 선보인다는 계획을 밝혔다. 가격경쟁력에 세계적 수준의 성능 그리고 서비스망까지 갖춘다면 국내 완성차 업계로서는 사면초가 상황에 빠질 수도 있을 것이다. 중국 '홍치紅旗' 자동차가 '마흐바흐나' '벤틀리' 같은 명품자동차를 누르고 최고급 세단의 대명사로 등극할 날이 올 지도 모르겠다.

## '칭뿌야오팡샹차이请不要放香菜', 향신료 이야기

중국요리에는 특유의 향신료 냄새가 난다. 한국의 중식당에서 만드는 중화요리를 좋아하는 많은 한국사람들이 중국에 가서 맛보게 되는 '정통' 중국요리는 입맛에 맞지 않다고 하는 경우가 적지 않다. 이는 중국요리에 반드시 들어가 있는 향신료 때문일 것이다.

중국요리는 기름에 볶거나 튀기는 요리가 많다. 게다가 우리나라 음식과 달리 중국요리에는 중국인이 즐겨먹는 각종 향신료를 듬뿍 첨가해서 쓰기 때문에 향신료에 익숙하지 않은 사람들은 정통 중국요리에 접근하지 못한다. 그래서 오랫동안 중국에서 사업을 하거나, 유학을 다녀 온 사람들도 중국생활 초기에는 대표적인 중국 향신료인 '샹차이香菜'를 먹지못하는 등 샹차이와 친해지지 못해서 중국요리를 싫어하는 것을 종종 봤다.

중국어를 전혀 하지 못한다면 중국식당에서도 어쩔 수 없지만 몇 마디 인사말 정도라도 할 수 있는 수준이라면 중국에서 요리를 주문할 때点菜 두려워 할 이유가 없다. 중국식당에서는 음식을 주문하고 난 뒤 최종적으로 종업원이 주문내역을 재확인해주곤 하는데 그 과정에서 아래와 같이 한 마디만 덧붙여주면 중국 향신료의 공포에서 해방될 수 있다.

**샹차이**

"칭뿌야오팡샹차이바!请不要放香菜把!(고수나물을 넣지마세요!)"

돼지고기나 양고기를 이용한 볶음요리나 탕, 혹은 국수에도 어김없이 '샹차이'가 들어간다. 주문할 때 조리과정에서 샹차이는 빼달라고 하면 별문제가 없다.

사실 중국에 가서 '샹차이'에 익숙해지면 웬만한 중국음식은 거의 다 먹을 수 있는 중국인과 거의 같은 수준에 이른 것으로 간주할 수 있다. 그 때는 오히려 샹차이가 들어가지 않은 음식은 중국요리가 아니라고 느끼게 될 것이다. 이 샹차이는 중국요리에서 빠지지 않는 '약방의 감초'같은 존재로 베트남 쌀국수나 태국의 뚬양쿵같은 동남아에서도 자주 볼 수 있다. 박하향같은 상큼하고 강한 향이 고기나

육수의 느끼함을 잡아주고, 식욕을 돋궈준다며 첨가하는데 우리에게는 익숙하지 않아 우리나라 사람들이 가장 곤혹스러워하는 향신료로 꼽히고 있다.

'칭뿌야오팡샹차이' 혹은 간단하게 '뿌야오샹차이不要香菜'라는 한 마디 잊지 말자.

'마라샹궈'나 '마라탕' '마라룽샤' 등 '마라麻辣'가 들어간 중국요리가 한국에서 유행을 타고 있다. '마라'는 중국 쓰촨四川 지방의 얼얼하고 매운 향신료로, 씹으면 혀가 얼얼할 정도로 톡 쏘듯이 매운 맛이 강하다. '마麻'는 얼얼하다는 뜻으로 '화자오花椒'를 가리키고 '라辣'는 맵다는 뜻으로 건乾고추다. 매운 맛에 대한 대중의 취향이 마라샹궈 등 마라열풍으로 이어지고 있다. 급기야 국내라면업계에서도 '마라샹궈면'과 마라탕면, 마라볶음면을 내놓기에 이르렀다.

예전부터 매운 맛을 좋아하는 쓰촨四川 사람들의 입맛과 우리 입맛이 서로 비슷하다고 했지만, 중국사람 중에서는 쓰촨사람보다 후난사람들이 매운 맛을 더 좋아하는 편이다. 쓰촨의 매운 맛 사랑을 '뿌파라不怕辣(매운 것을 두려워하지 않는다)' 수준이라고 표현한다면, 후난湖南에서는 '파뿌라怕不辣(맵지 않을까 봐 두렵다)'라고 할 정도다. 마오쩌둥毛泽东 주석의 고향답게 매운 맛 사랑은 예나 지금이나 한결같다.

중국 '양꼬치'를 먹을 때 빼놓을 수 없는 향신료는 '쯔란孜然'이다. 쯔란은 양고기의 누린내를 없애기 위해 '라쟈오고춧가루'와 함께 섞어

**샹차이 등 향신료**
샹차이는 중국요리의 감초같은 향신료다. 그 때문에 중국요리와 친숙하지 않게 되기도 하지만.

서 찍어먹는다. 소화불량을 해소하고 식욕을 증진하는 효과가 있다. 보기에 참깨처럼 보이기도 하는데, 쯔란은 영어로 '커민cumin'이라고 하는데 인도에서는 커리로도 활용된다고 한다.

중국음식에서 빠질 수 없는 향신료가 '빠쟈오八角'다. 여덟 개의 모서리가 있어서 팔각이라고 불리는 향신료로, 국물을 내는 탕 요리와 오향장육 등의 고기요리를 할 때 잡내를 제거하는 용도로 반드시 들어간다. '누들로드'의 본고장으로 유명한 산시山西지방의 대표적인 국수, '다오샤오몐刀削面(도삭면)'을 조리할 때는 돼지잡뼈와 닭뼈 등을 넣고 끓이면서 이 팔각을 넣어 누린내와 잡내를 제거한 탕汤(국물)이 있어야 제대로 된 따오샤오몐 맛을 낼 수 있다. 물론 여기에는 산시지방 특산식초醋도 필수적이지만.

이런 향신료와 달리 우리에게는 '악취'와 다를 바 없는 고약한 냄새로 기억되는 악명높은 음식은 '초우또우푸臭豆腐'다. 두부를 소금에 절여서 발효시킨 다음에 이를 다시 독 속에 넣어두고 석회로 봉해 만들어진, 고약한 냄새가 우리의 코를 틀어막게 한다. 중국 여행을 가면 어디를 가나 이 기름에 튀겨내는 냄새가 지독한 '초우또우푸臭豆腐'를 길거리 간식으로 파는 모습을 볼 수 있다. 고약한 냄새와 비주얼과는 달리 의외로 고소한 맛이 있는 반전음식이었다.

제2부

---

# 신중국, 그들의 세상속으로

---

#  백계왕百鸡王과 공공정부公共情夫

'백계왕百鸡王'이라 불린 저우융캉周永康 전 중국공산당 중앙정치국 상무위원 겸 중앙정법위원회 서기. '공공정부公共情夫'라는 별명을 얻을 정도로 20여명의 고관대작 부인들과 파격적인 불륜행각을 벌인 루이청강芮成綱 전 CCTV 앵커. 저우 전 서기와의 관계는 물론이고 보시라이薄熙來 전 충칭시 서기, 저우 전 서기와 함께 반부패혐의로 기소된 쉬차이호우徐才厚 전 중앙군사위 부주석 등 이름만 들어도 알만한 신중국의 최고위급 인사들과 불륜관계를 가진 것으로 알려진 탕찬湯燦 전 전우문공단 가수는 '공용정부共用情婦'로 불린다. 이들 중에서 최고수준은 아무래도 백계왕일 것 같다.

고위 인사와 연예스타들의 부패스캔들과 동시에 더불어 회자되는 신중국의 불륜스캔들은 세상을 깜짝 놀라게 한다. 이제 웬만한 스캔들이 터지더라도 중국에선 크게 놀라지는 않는다. 우리나라에서도 폐지가 된 '간통죄'는 중국에선 아예 없었다. 저우 전 서기가 400여명의 여성과 엽색행각을 가졌다는 중화권 매체의 스캔들 보도에도 불구하고 부패혐의로 기소된 후 무기징역을 선고받은 그는 불륜스캔들에 대한 처벌은 받지 않았다. 그의 엽색행각에 대해서는 그가 관할하던 정법위산하의 중국공산당 기율검사위원회가 직접 조

**백계왕이라 불린 저우융캉 전 서기**

사 했다. 그가 법적처벌과 부정축재한 재산에 대한 몰수처분에 이어 '공산당적 박탈'이라는 두가지 처벌인 '쌍개双开'를 받게 된 것은 중국 최고지도부인 정치국 상무위원으로서 모범을 보이지 못하고 사회주의 도덕을 위반했기 때문이었다.

'불륜문화'라고 부를 정도로 부패스캔들에 늘 따라다니는 신중국의 고위공직자와 공산당 고위간부 및 벼락부자 기업인들의 불륜스캔들은 오랜 역사적 전통을 자랑하는(?) 중국의 '축첩蓄妾'문화의 전통이 개혁개방이후 형성된 신흥부자그룹인, 폭발호<sup>벼락부자</sup>, 국가권력을 독점하게 된 중국공산당 고위간부들과 결합하게 된 결과다.

장이머우张艺谋 감독의 '붉은 수수밭' 같은 영화에서 보듯이 중화문화권에서는 역사가 오랜 축첩의 전통은 중국사회에는 신중국이

루이청강과의 인터뷰를 마친 후 사인을 해주는 박근혜 전 대통령

들어서기 전까지 오랫동안 정착된 문화였다. 중국식 사회주의 체제의 신중국 '건국의 아버지' 마오쩌둥毛泽东 주석이나 문화대혁명 초기 그에 의해 숙청된 류샤오치刘少奇 주석 등은 결혼과 이혼을 여러 차례 반복했지만 그 당시에도 지금도 그것이 허물이 되지 않았다. 마오의 마지막 부인이자 네 번째 부인인 장칭江青 역시 마오와의 결혼이 세 번째였다. 마오의 여인들에 대한 기록은 그가 사망한 후에 대부분 사실로 드러났다.

개혁개방과 더불어 물밀 듯이 들어온 화교자본의 유입으로 갑자기 부자가 된 신흥부자들은 신중국 출범 초기 사회주의 도덕을 강조하는 분위기 탓에 자제할 수밖에 없었던 축첩문화를 서서히 발산하기 시작한다. 봉건시대의 '전족纏足'문화는 중국의 비뚤어진 성적 취향을 상징하기도 한다. 개혁개방의 전진기지였던 선전深圳 등에 투자

한 화교들이 수시로 드나들면서 그들의 '현지처'를 뜻하는 '얼나이 二奶촌'을 형성하기도 했고 그들의 뒤를 이어 곧이어 부자가 될 기회를 잡은 벼락부자들과 인허가권을 쥐고 돈을 벌게 된 공산당 간부들 그리고 고위공직자들이 축첩행렬에 동참했다. 급기야 '디산저第三者'라는 신조어까지 등장할 정도로 축첩과 불륜은 사회현상으로 받아들여졌다.

'디산저'라는 단어는 개혁개방이후 중국어 사전에 등재됐다. 원래의 뜻은 어떤 일의 쌍방이 아닌 사람이나 단체라는 의미였다. 지금은 그 원래의 의미 외에 '부부 사이의 한 당사자와 부당한 관계를 맺으면서 그 가정에 끼어든 사람', 즉 정부情婦(혹은 情夫)를 지칭하는 뜻으로 더 광범위하게 사용되고 있다. 후진타오胡錦濤 전 주석 시절, 직전 중국지도자였던 장쩌민江澤民 계를 대표하는 권력 2인자로서 권력을 누린 저우융캉 전 서기는 '부패호랑이'로 드러나면서 '백마리 암탉을 거느린 수탉'을 뜻하는 '백계왕百鸡王'이라는 부러운 별명을 얻을 정도로 중국 불륜문화의 최고수에 올랐다.

뇌물수수와 부패, 직권남용 혐의로 재판을 받은 저우 전 서기에 대한 사람들의 관심은 그의 여성 편력에 집중됐다. 중국 내부소식에 정통한 홍콩의 한 매체는 "저우융캉은 이전부터 '백계왕'이라고 불려왔다"면서 "가수, 여배우, 대학생 등 저우융캉이 거느린 정식 내연녀만 최소 28명이었다"고 폭로했다. 이어 "그가 성관계를 가진 여성만 해도 400명이 넘으며 정부情婦 중에는 중국중앙방송CCTV의 유명 여성 아나운서 어우양즈웨이歐陽智薇, 예잉춘叶迎春, 선빙沈冰 등이 포함돼 있다"고도 밝혔다. 소문에는 그가 쓰촨성 서기시절에 호텔 여직

재판받는 링지화

원을 성폭행하기도 했고 베이징 등 전국 6곳에 '행궁'을 두고 성상납을 받으며 호화파티를 벌이곤 했다는 이야기도 있다.

전 CCTV 앵커 루이청강은 우리나라에서도 오바마 전 미국대통령이 방한해서 기자회견을 하는 자리에서 '아시아기자를 대표해서 질문하겠다'고 자청한 것으로도 유명하다. 또한 박근혜 전 대통령이 취임 초 중국 첫 국빈방문을 앞두고 중국 CCTV와 인터뷰를 진행하면서 박 전 대통령을 "누나"라고 불러 논란성 화제를 불러일으키기도 했다.

그렇게 잘나가던 루이청강은 시진핑 체제가 출범한 지 얼마지나지 않아 '부패와의 전쟁'이 한창 진행되던 2014년 7월 자신이 진행하던 CCTV 생방송을 준비하다가 긴급 체포돼 대중의 시야에서 사라

**루이청강 옥중사진**

졌다. 기업인들로부터 뇌물을 수수한 혐의로 체포된 것으로 알려진 그는 조사과정에서 중국 공산당의 최고위급 간부들의 부인들과 불륜관계를 맺어오면서 CCTV의 동료 및 후배 여성 앵커들과도 동거했다는 사실이 드러났다는 소문이 나돌았다. 특히 후진타오 전 주석의 비서실장 격인 링지화令計劃 중앙판공청 주임을 역임한 통일전선공작부장의 부인 구리핑谷麗萍과의 불륜설이 불거지면서 논란을 불러일으켰다. 뿐만 아니라 부총리 및 장관급 고위인사의 부인 20여명과의 불륜설이 터져나오면서 그의 별명은 '공공의 정부情夫'가 됐다.

루이청강은 6년형을 선고받고 감옥에서 복역중이다. 올 12월이면 그가 형을 마치고 석방될 예정이다.

중국 공산당 기율검사위원회는 시진핑과 경쟁을 하면서 황제를 꿈꾼 보시라이薄熙來 전 충칭시 서기에 대해서도 관용을 베풀지 않았다. 보시라이가 낙마하자 그의 스캔들은 여지없이 까발려졌고 대표적인 중국 여배우 장쯔이章子怡와의 불륜설과 성접대 논란이 끊임없이 제기되기도 했다.

호랑이와 파리를 동시에 때려잡은 시진핑의 부패와의 전쟁에도 불구하고 여전히 베이징과 상하이 등 중앙과 대도시 뿐만 아니라 지방 공산당 고위간부와 고위공직자의 부패는 오늘도 불륜스캔들과 세트째 터져 나오고 있다. 그것이 G2 신중국의 일상이다.

뇌물혐의와 살인혐의로 각각 종신형을 선고받고 수감돼 있는 보시라이 전 충칭시 서기와 그의 아내 구카이라이의 이야기는 국내에서 영국드라마를 각색한 드라마 <부부의 세계>가 성황리에 방영되면서 다시 한 번 세간의 이목을 끌었다.

드라마 '부부의 세계'가 종영되었지만 드라마의 여운은 현실 세계에서도 만만치 않은 것 같다.
워낙 충격적인 전개와 반전에 반전을 거듭하면서 드라마는 30%를 웃도는 시청률까지 기록하면서 아쉽게 막을 내렸다.

드라마의 원작은 영국 BBC가 방송한 '닥터포스터'로 전반적인 스토리는 대동소이한 모양이다. 남편의 외도와 이혼 그리고 남편 친구와의 맞바람, 엇나가는 아들 등이 주요 줄거리였다. 부부의 세계를 보지는 않았지만 스토리를 들었을 때, 최근 논란이 된 드라마 '부부의 세계'보다 더 충격적인 반전의 드라마를 중국에서 본 기억이 난다. 한때 중국 최고지도자 시진핑习近平 주석을 위협하기도 했던 보시라이 전 충칭시 서기와 그의 부인 구카이라이의 성공과 몰락스토리가 그것이다.

▲ 보시라이
▶ 보시라이와 구카이라이의 한 때

2012년에 터진 사건으로 이미 8년이나 지나 사람들의 뇌리에서 잊혀진 것 같은 사건이지만 이들 부부의 동정이 가끔 중국에서는 회자되곤 한다.

보시라이는 시진핑에 맞서 황제를 꿈꿨다. 공산 혁명 원로의 자제들로 구성된 '태자당'의 동료인 보시라이는 정치적 경쟁 관계였지만 시 총서기가 후진타오 전 주석에 이어 최고지도자로 등극하자 둘 사이의 경쟁구도는 해소된 듯 했다. 그러나 중부 내륙의 인구 2천만 명의 변방도시 '충칭重慶'시 당서기로 좌천되다시피 한 보시라이는 충칭을 '홍색혁명'의 전진기지로 삼아 국유경제의 새로운 모델을 구축한 '충칭 모델'을 제시하면서, 다시 중앙정치권과 대중의 관심권 안에 들어왔다. 보시라이의 야망은 집요했다. 2007년 이후 충칭시 서기를 맡은 지 5년 만에 마침내 중국공산당 최고지도부인 정치국 상무위원에 진입할 것이라는 고무적인 전망이 지배적일 정도로 정국은 보시라이 편이었다.

몰락의 시작은 아내 구카이라이가 주도한 영국인 사업가 헤이우드 살해사건이었다. 2012년 2월 충칭시 공안국장이던 왕리쥔王立軍은 중앙의 감찰을 받게 되자 보시라이에게 구명 요청을 했으나 거절당했다. 그러자 '비밀 파일'을 갖고 청두成都에 있는 미국영사관으로 가서 망명을 요청하는 충격적인 사건이 발생한다. 미·중 간 막후 협상 끝에 미국이 왕의

보시라이와 왕리쥔

망명을 불허하자, 보시라이는 충칭의 무장병력을 '청두'로 보내, 왕리쥔을 잡아오려고 했으나 베이징이 한발 빨랐다.

이 사건으로 보시라이의 최고지도부 진입 꿈은 깨졌고 충칭시 서기직에 이어 정치국 중앙위원직까지 해임되고 부패 혐의로 기소돼 재판을 받게 된다. 구카이라이도 왕리쥔의 파일을 통해 영국인 살해 혐의가 드러나 기소되면서 중국판 '부부의 세계'가 낱낱이 공개되기에 이르렀다.

재판 과정에서 보시라이는 최측근인 왕리쥔이 아내와 불륜 관계였다는 사실을 폭로하는 폭탄 발언을 했고 결국 보시라이는 수감돼

**재판받는 보시라이**

있던 교도소에서 2017년 구카이라이와 이혼하기에 이른다. 보시라이는 "그는왕리쥔 나의 가정을 침범했고, 나의 근본적인 감정을 상하게 했다. 이것이 바로 진정한 도주 배경"이라고 말했다.

구카이라이의 살해사건 법정에서는 그녀가 살해한 사업가와의 관계가 백일하에 드러나 세상을 깜짝 놀라게 했다. 이 사건에는 왕리쥔이 깊이 개입돼 있었고 보시라이도 은폐하는 데 일조했다는 폭로가 터져나왔다. 보시라이는 구카이라이가 중학생이던 아들 '보과과'를 데리고 영국 유학에 나서게 된 것이 자신의 외도와 관련된 것이라며 스스로의 외도를 털어놓기도 했다.

구카이라이가 영국인 사업가를 살해한 동기도 자신의 외도와 관련된 것이라는 소문이 나돌았다.

아들 보과과 역시 '훙싼따이紅三代'로서 포르쉐를 타는 등의 방탕한 사생활로 여러 차례 구설에 올랐다. 부모가 이혼하던 2017년 그가 미국 컬럼비아대에서 법학 박사 학위를 땄다는 소식이 들려왔다. 랴오닝성 다롄大連시장 시절부터 보시라이를 후원해 온 스더實德그룹의 쉬밍徐明 회장은 보시라이 사건 이후 부패 혐의로 기소돼 감옥에서 의문의 죽음을 당했고 스더그룹은 공중분해됐다.

보시라이는 2017년 간암 투병을 위해 가석방된 적은 있지만 종신형을 선고받은 현재, '호화 감옥'으로 불리는 베이징의 친청교도소, 구카이라이는 허베이성 싼허시에 있는 옌청교도소에 각각 수감돼 있다.

코로나19로 연기된 '전인대' 개최 여부가 논의되던 지난 4월 초 중국 최고지도부가 거주하는 베이징 중난하이中南海 주변에 무장경찰들이 배치되자 '보시라이 탈옥설' 소문이 나돌 정도로 보시라이는 여전히 중국 지도부를 긴장시키는 모양이다. 중국판 '부부의 세계'는 드라마보다 더 드라마틱하다.

##  '푸뿌푸扶不扶?', 신중국의 공중도덕

'길을 가다가 쓰러진 노인이나 환자를 발견하면 어떻게 할 것인가?'

당연히 119나 경찰에 신고를 하고 119 구급대가 도착할 때까지 쓰러진 노인을 부축하거나 도와주는 것이 대부분의 사람들의 행동일 것이다.

중국에서는 사정이 다르다.
길에 쓰러져있는 사람을 도와주다가 가해자로 몰려 소송을 당하거나 보상을 해주는 경우가 비일비재하다. 물에 빠진 사람을 건져주니까 보따리 내놓으라는 격의 '봉변'을 당하는 경우가 적지 않은 모양이다. 사고를 당해 쓰러진 사람이 자신을 도와준 사람을 가해자로 오인하는 사건이 발생하기도 했고, '교통사고 자해공갈단'처럼 '상습적으로' 길에 사고를 당해 쓰러진 척하고 있다가 자신을 도와준 사람을 상대로 돈을 요구하는 협박사기꾼들이 종종 적발되기도 한다.

그래서 중국에서는 길을 가다가 쓰러진 사람을 보고도 못 본척하고 지나가는 '푸뿌푸?扶不扶?' 현상이 벌어지고 있다.

심지어 강도를 당하거나 교통사고를 당해 생명이 위태로운 급박한 상황인데도 사람들은 멀찌감치 빙둘러서서 구경만할 뿐 누구 하나 나서서 도와주기를 꺼린다. 갑작스런 사고를 당한 약자의 고통을 외면하지 않는 것이 누가 시키지 않더라도 인간의 기본적인 행동이자 양심이다. 중국에서는 교통사고나 쓰러진 노약자를 도우려고 손을 내밀었다가 낭패를 당하는 일이 자주 벌어지면서 푸뿌푸라는 사회적 논란이 일고 있다.

'푸뿌푸?'는 중국어로 '부축해서 도와줘야 하나 말아야 하나'라는 뜻으로 해석할 수 있다. 중국인들이 춘절春節(설날)을 맞이하여 가장 많이 시청하는 CCTV의 '춘제완후이春节晚会'라는 TV 프로그램에서도 2014년 이 '푸뿌푸'를 소재로 한 콩트가 소개된 적이 있다.

나도 중국에 거주할 때 '노상강도' 현장을 목격한 적이 있다. 사람이 붐비는 시장 안이었는데 피해자가 '강도야'라고 비명을 질렀지만 가까이 있는 누구 하나 지갑을 빼앗는 강도를 제압하려고 달려들지 않았다. 강도는 사람들이 둘러서서 지켜보고 있는 가운데 지갑을 강탈하고는 여유를 부리면서 웃으며 도망쳤다. 길 건너편에서 어렴풋이 상황을 이해한 나도 당시 무슨 일인가 싶어서 멍하니 바라보다가 뛰어가는 강도의 뒷모습을 쳐다보기만 했다. '남의 일에는 절대로 관여하지 말라'는 중국 친구의 당부를 귀에 못이 박히도록 들었다. 그는 "누구도 나를 도와주지 않는다. 나에게는 나와 가족밖에 없다. 길에서 강도를 당해도 '중국 공산당'이나 '공안'이 달려와서 절대로 구해주지 않는다. 내 몸과 내 돈 그리고 내 가족은 나 스스로 지켜야 한다" 고 강조하곤 했다.

중국인들이 애초부터 '인류애'니 '휴머니티'가 부족하거나 다른 나라 국민에 비해 도덕성이 없는 그런 민족은 절대 아니다. 마오쩌둥 시대의 상처로 트라우마가 된 '문화대혁명' 시대 10년을 겪으면서 마음 속에 뿌리내린 '나쁜 기억'이 중국인들을 남의 일에 선뜻 뛰어들지 못하게 하는 요소 중의 하나라는 분석도 있다. 어린 대학생 제자가 교수들을 고발해서 인민재판에 세워서 두들겨패고, 아들이 아버지를 고발해야 살아남을 수 있었던 '무도'한 시대였다. 느닷없이 인민재판에 회부된 무고한 지식인들을 변호하기 위해 나선 학생들과 이웃들은 '반동'으로 몰려 엄청난 곤욕을 치렀어야 했다. 괜히 남의 일에 발 벗고 나섰다가 목숨을 잃거나 고통을 당해야 했던 중국인들은 그 때 일을 떠올리며 '다시는 남의 일의 관여하지 않겠다'는 '不矣'을 가슴속 깊이 새길 수 밖에 없었다. 세상이 바뀌었다지만 괜히 약자를 돕겠다고 의협심을 발휘하다가 가해자로 몰려 벌금을 내거나 공갈협박을 받는 등의 피해를 당하는 일이 잦자 중국인들은 아예 남을 도와줄 엄두조차 못내거나 마음의 빗장을 걸어잠그게 된 것이다.

2011년 10월 13일이었다. 광둥성廣東省 포산佛山에서 발생한 교통사고 CCTV는 '푸뿌푸' 현상의 폐해를 극단으로 드러냈다. 부모가 장사하는 시장에서 놀던 세 살짜리 어린아이가 시장 통로를 지나는 차에 치이는 교통사고를 당했다. 사고차량은 교통사고를 당한 아이를 다시 한 번 더 치고 도망가는 충격적인 뺑소니사고를 냈다. 사고현장

**샤오웨웨(小悦悦) 사건**
포산시에서 발생한 샤오웨웨 사건은 중국사회의 도덕성을 여지없이 드러낸 충격이었다.

을 목격하거나 다친 아이를 목격한 18명의 사람과 차량들이 못본 척 하고 지나가는 바람에 아이는 2차, 3차 사고를 당하는 안타까운 장면이 CCTV에 고스란히 찍혔다.

교통사고를 당한 아이샤오웨웨는 지나가던 한 청소원에 의해 병원으로 이송했지만 뇌사상태에 빠졌다가 결국 일주일 만에 숨졌다. 이 사건으로 중국사회의 치부같은 '뿌푸뿌' 문화가 세상 사람들의 입방아에 올랐다. 사고를 낸 운전자는 특히 "교통사고를 내서 사망했을 때는 1,500위안의 벌금을 내지만 살아있다면 10배를 더 내야 해서 한 번 더 치었다"고 털어놓아 경악을 금치 못하게 했다. 이 사건은 '샤오웨웨' 사건으로 불리면서 중국사회에 경종警鐘을 불러일으켰다. 그러나 그때 뿐 이었다.

길거리 쓰러진 사람

    2015년 2월 26일. 허난河南성 푸양시의 공원에 조성된 호수에 3명의 사람이 빠졌다. 그 중 나이가 제일 많은 24살의 '멍루이펑'이라는 대학생이 익사하고 두 명의 어린 아이는 가까스로 구조됐다. 당시 현지 언론은 대학생이 물에 빠진 4살과 7살의 두 어린이를 구한 후 목숨을 잃은 안타까운 사고라며 '의사자'라고 보도했다. 그러나 며칠 후, 경찰은 이 사고는 대학생이 부주의로 누각의 난간에서 떨어져 익사한 사건이라는 조사결과를 발표했다. 한 대학생의 의로운 죽음은, 허망한 죽음으로 급전직하했다. 경찰의 잘못된 조사결과가 보도되자 현장을 직접 봤다는 목격자가 나타났다. 어린 아이 두 명이 물에 빠지자 근처에 있던 대학생이 호수에 뛰어들어 한 아이를 구한 후 다시 뛰어들어 두 번째 아이를 구해 나오다가 기력이 빠져 자신은 나오지 못하고 목숨을 잃었다고 증언했다.

뒤늦게 두 아이의 엄마가 나타나 숨진 대학생의 빈소를 찾아 참회의 고백을 했다. 아이들을 구하다가 숨진 대학생 가족이 배상을 요구할까 두려워서 아이들에게 경찰 조사에서 거짓말을 하도록 시켰다는 것이다. 두 번 죽은 대학생의 명예는 돌아올 수 없었다.

이같은 피해사례가 종종 중국언론에 보도되고 있지만 요즘은 쓰러진 노인을 도와준 사람을 찾아 사례하고 싶다는 '미담'도 종종 소개되고 있다.

#  소수민족 천국(?)

신중국이 세상에 등장하기 전까지는 '소수민족'이라는 용어는 없었다. 정복과 피정복, 대국과 속국의 관계가 있었을 뿐이다.

중국에 살고 있는 한족汉族이 아닌 다른 민족은 한족이 아니라는 이유로, 절대다수인 한족에 비해 '소수'라는 이유로, '소수少数'민족으로 분류되면서 중국인으로 편입되었다. 신중국은 소수민족에 대한 우대를 통한 유화정책과 그들의 분리독립 의지에 대한 강한 압박 등 당근과 채찍을 번갈아 구사하면서 한족과는 다른 역사적 문화적 전통을 갖고 있는 소수민족의 한족 동화를 추구해왔다.

중국은 무려 55개의 소수민족과 한족 등 56개 민족이 공존하는 다민족국가다. 세계 1위의 인구대국 중국 인구는 14억 명을 넘었다. 그 중 12억 명을 넘는 한족 외의 나머지가 소수민족이다. 사실 소수민족은 등록된 55개 보다 많다. 신중국 성립직후 편의상 55개의 소수민족만 민족명을 부여받았고 인구가 적다는 이유 등으로 고유의 민족문화를 유지하고 있으면서도 별도의 민족으로 인정받지 못한 소수민족들이 꽤 있다는 것이다. 이들은 인근에 있는 다른 소수민족과 명확하게 구분되지만 이름이 없어 '미식별' 소수민족으로 살아가고 있다. 주로 중국의 서남쪽 하단에 위치한 윈난云南과 광시广西, 꾸이저우贵州

중국은 55개 민족과 한족이 공존하는 다민족 국가이다. 중국인구의 90%이상을 차지하는 한족외의 다른 민족에 대해서는 '소수민족'이라고 부른다.

등지에 인구가 적은 다양한 소수민족들이 존재하고 있다.

55개 소수민족 중에서 광시좡족广西壮族자치구에 주로 거주하는 '좡족'이 인구 1천617만8천800명으로 중국내 최대 소수민족으로 꼽힌다. 그 다음이 이슬람교를 기반으로 하는 '후이족回族(1천58만6087명)'과 청清제국의 후손인 '만족满族(1천68만2천명)'이다. 신장을 기반으로 하는 '위구르족维吾尔族'도 1천7만여 명으로, 1천만 명이 넘는 소수민족은 4개다.

중국에는 성省급 자치구自治區가 다섯 개가 있다. 시짱장족西藏藏族자치구와 신장웨이우얼新疆维吾尔族자치구, 광시좡족广西壮族자치구, 닝샤후이주宁夏回族자치구, 네이멍구内蒙古자치구가 그것이다. 이들 자치구는 소수민족이 인구의 절대다수를 차지하고 있어, 자치구의 행정수반인 '주석'직을 소수민족에게 맡기는 등, 중국정부는 소수민족에게 형식적으로라도 자치권을 주는 듯한 모양새를 취하고 있다. 그러나 실질 권한을 가진 '당서기'는 절대로 소수민족을 임명하지 않고 한족출신을 보내, 소수민족의 독립과 저항 의지를 무력화하고 있다.

시진핑 주석 직전 중국 최고지도자였던 후진타오 전 주석은 1989년부터 1992년까지 시짱티벳자치구 당서기를 지낸 바 있다. 그는 1989년 자치구 성도인 '라싸拉萨'에서 티벳인의 독립을 요구하는 폭력시위가 발생하자, 계엄령을 내리고 직접 철모를 쓴 채 폭동을 진두지휘했다. 당시 베이징의 중국 최고지도부는 후 전 주석의 이런 강인

한 모습에 이끌렸고 그것이 그를 정치국 상무위원으로, 이어 최고지도자의 위상으로까지 오를 수 있게 한 것이다.

사실 시짱과 신장 및 네이멍구 자치구는 신중국 건국 후 강제로 중국에 합병되면서 자치구가 됐다. 티벳은 청 왕조 멸망 후 독립을 선언했다. 그러나 신중국 건국 다음 해인 1950년 인민해방군이 탱크를 앞세워 티벳으로 침공, 티벳의 외교·군사권을 박탈하고 중국에 편입시켰다.

중국에서 가장 넓은 땅을 가지고 있는 신장 자치구는 실크로드라 불리는, 중앙아시아와 연결되는 중국에서 가장 광활한 지역이다. 역시 청 왕조 붕괴 후 2차대전이 끝나던 1944년, '동투르키스탄 공화국'으로 독립했으나 1949년 중국이 강제병합한 후 1955년 신장웨이우얼족자치구로 편입했다.

칭기즈칸의 후손들인 몽골족은 중국대륙으로 진출, 중원왕조를 무너뜨리고 원元이라는 대제국을 경영했다. 그러나 원제국은 오래가지 않아 내부분열을 거듭한 끝에 결국 외몽골과 내몽골로 나눠서 청의 분리 지배를 받았다. 청 왕조 붕괴 후 외몽골은 소련의 도움으로 몽골공화국으로 독립했으나, 내몽골은 신중국 자치구의 하나인 '네이멍구內蒙古자치구'로 편입됐다.

신중국 지도부의 소수민족 정책은 채찍과 당근이 동시에 교차했다. 티벳과 위구르인들의 분리 독립 움직임을 효과적으로 제압하겠다며 중원에 거주하던 한족들을 대거 이주시키기도 했고 변방의 소수민족들을 중국인으로 동화시키는데 몰두하기도 했다. 실크로드의

**소수민족 여성**

시발점인 시안西安에서 라싸拉萨까지 이어지는 '칭짱青藏' 열차를 개통한 것도 한족의 이주를 독려해서 시짱지역에 대한 중앙의 지배권을 강화하기 위한 것이었다. 마오쩌둥은 '제3세계'의 주류였던 중동지역의 중국 지지를 위해 문화대혁명 시기에 종교에 대한 박해정책을 구사했음에도 회족의 이슬람교에 대해서는 종교적 자유를 보장하기도 했다.

지금은 폐기된 '1자녀정책獨生子정책'을 시행하면서도 소수민족들에게는 '2자녀'를 허용했고, 다양한 세제혜택과 고등학교와 대학교 입시에서 소수민족 자녀에게는 가산점을 부여하는 등의 우대정책을 구사했다. 마약과 밀수 등의 중대범죄에 대해서도 소수민족에겐 비교적 관대한 처벌을 했다.

시 주석체제로 들어선 후에는 소수민족 우대정책보다는 중화민족 통합에 방점이 찍히고 있다. 그래선가 간혹 한족과 소수민족이 결혼해서 자녀가 생기면 별다른 혜택이 없어지게 된 '소수민족'으로 등록하지 않고 '한족'으로 등록하는 추세로 바뀌고 있다.

우리와 같은 민족인 '조선족'의 중국 소수민족내 위상도 하락하고 있다. 조선족 인구는 해외 이주 등으로 인해 점점 하락하고 있는데, 자치구보다 하위 개념인 '자치주'인 '옌벤 조선족 자치주'에 거주하는 조선족 인구는 10년 전에 비해 절반 이하로 떨어졌다. 이러다가는 소수민족 자치주를 유지하기도 어려워질 전망이다. 중국내 조선족 인구는 총 183만여 명으로 55개 소수민족 중 14위 정도를 차지하고 있다.

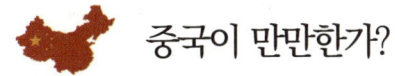 ## 중국이 만만한가?

　우리가 흔히 중국으로 여행을 가거나, 중국 측과의 사업을 위해 중국을 방문할 때마다 무심결에 '중국에 간다.'라고 말한다. 아주 틀린 표현은 아니지만 중국이란 나라는 워낙 넓기 때문에 중국에 간다는 표현은 정확하지 않을 때가 적지 않다.

　중국에 연수차 베이징에 거주할 때 겪은 일화 중의 하나를 소개한다. 가까운 친구가 연락이 왔다. 며칠 후에 중국 상하이로 출장을 가는 일정이 생겼다면서 '(그 날)저녁에 상하이에서 만나서 저녁이나 먹자'는 초청(?)을 받았다. 중국에서 고생(?)하는 나와 오랜만에 만나 애틋한 정을 나누자는 취지에서 한 만나자는 요청이었다. 그러나 나는 내심 당황스러웠다. 중국에 가는 길에 친구를 만나서 회포를 풀자는 따뜻한 친구의 요청이 고맙기는 해도 중국이 얼마나 넓은 곳인데 '저녁에 보자'는 식의 인식을 갖고 있는 것 아닌가 싶어서 난감해졌다.

　베이징北京에서 상하이上海까지 거리는 약 1,300km, 요즘은 우리의 KTX 같은 중국 고속열차를 타면 4~5시간 정도 걸리는 비교적 가까운 곳이지만 당시로서는 고속열차도 없었고 불편하게 공항을 가서 비행기를 이용하거나 '특급열차'를 타더라도 10시간은 걸리는 꽤 먼

곳이었다. 서울에서 부산까지 거리가 약 600km라는 점을 감안하면 서울 부산을 왕복해야 하는 상하이까지 한달음에 달려오라는 지리감에 당황하지 않을 재간이 없었다. 중국이 얼마나 넓은 곳인지 가늠이 되지 않은 친구 입장에서는 미리 일정을 알려주고 오라는 제안을 했는데도 중국에 사는 내가 가지 못한다고 한 것이 못내 야속했을 것이다. 우리는 결국 그 날 만나지 못했다.

중국은 14억이 넘는 세계 제1위의 '인구대국'이다. 국토면적으로도 유라시아 대륙에 걸쳐있는 러시아를 제외하고는 캐나다, 미국에 버금가는 9억 6천만1천40㎢의 국토를 보유하고 있는 '국토대국'이기도 하다. 우리나라의 96배에 이르는 영토다. 1개 성省의 평균 면적으로도 우리나라 국토의 1.5배가 넘는다. 인구가 5천만 명이상인 중국의 성省은 무려 10개다. 우리나라와 가까운 산둥성山東省의 면적은 우리의 1.5배, 인구수는 우리나라의 두 배에 가까운 9천579만 여명이다. 인구와 면적 모두 '국가급'인 22개의 성省, 성급의 소수민족 '자치구' 5개, 베이징과 상하이, 톈진, 충칭 등 4개 직할시, 홍콩과 마카오 등 '일국양제一國兩制'를 유지하고 있는 2개 특별행정구 등 총 33개 성·시·자치구·특별행정구로 이뤄진 중국은 '하나의 국가'라기보다 사실상 '연방국가'라고 해도 과언이 아니다. 33개의 각기 다른 국가급 성·시·자치구가 결합된 나라가 중국이다.

중국은 중국공산당이 영도하는 권력집중형 지도체제로 운영되고 있지만 이같은 성·시·자치구와 특별행정구 제도를 감안한다면, 미국United states of America과 같은 '차이나 합중국United states of CHINA'

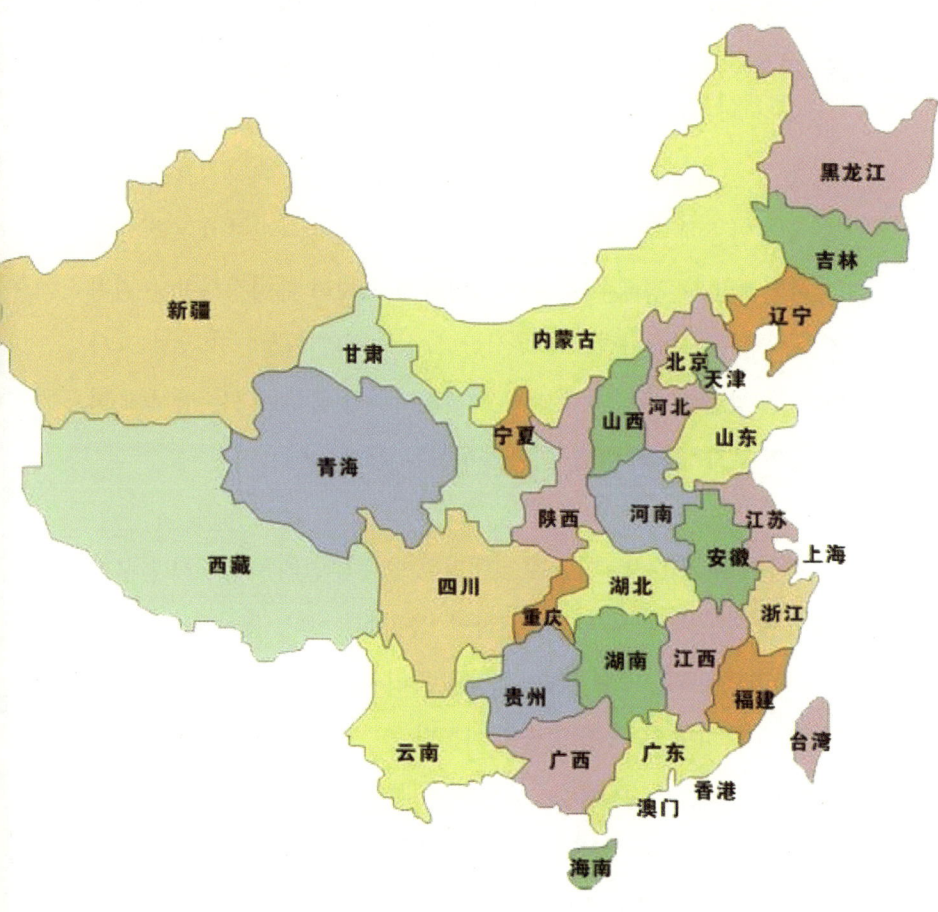

중국 지도 전도

으로 인식하는 것이 중국에 대한 이해의 수준을 높이게 될 것이다. 인구나 면적이 국가급에 이르는 성·시·자치구마다 고유의 역사와 다른 성시자치구와 다른 문화 전통을 갖고 있기 때문이다. 하나의 '중국'에 속하지만 각 성시자치구는 다른 나라라고 할 정도로 다른 문화를 갖고 있다. 베이징 사람들은 '중국의 수도'라는 자부심으로 똘똘 뭉쳐 은연중에 타지사람들을 '촌사람'으로 여기는 경향이 농후하다. 상하이사람은 '경제수도'라는 별명답게 오히려 베이징사람을 권력만 추구하는 시골사람으로 무시한다. 상하이와 인접한 저장성浙江사람들은 상인商人기질이 충만해서 어려서부터 공부보다는 장사에 뛰어들어 부자가 되는 것을 최고의 목표로 삼고 있다.

서울 인구가 1천만 명을 오르내리고 있을 뿐인데 중국에서 인구가 제일 많은 도시는 서부내륙 중심인 '충칭重庆'시다. 충칭에만 무려 2천884만명2015년 기준이 있다. 충칭을 둘러싸고 있는 쓰촨四川성 8천42만 명을 합치면 1억 1천만 명에 이른다.

인구 1천만 명 정도 되는 도시는 중국에서는 흔하다. 베이징과 상하이의 등록인구는 2천만 명이 넘고, 톈진은 1천293만 명, 쓰촨성의 성도省都인 청두成都는 1천404만 명, 광저우广州는 1천 270만 명, 허베이河北성 바오딩保定이 1천 119만 명, 장쑤江苏성 제2도시인 쑤저우苏州 1천 35만 명, 하얼빈, 선전, 난양, 스좌장, 린이 등도 인구 1천만 명 넘는다. 성과 도시마다 다양한 문화적 전통이 살아있어서 소비성향은 철저하게 다르다. 중국에서 14억 중국인을 겨냥한 하나의 마케팅 전략은 통하지 않는다.

이들 중국 대도시는 고속철도와 고속도로 항공 등의 도로와 철도 등의 인프라로 이중삼중으로 연결되고 있다. 우리가 흔히 말하는 '하나의 중국'은 중화주의 기치아래 정치적 민족적 통합을 추구하는 중국공산당의 민족통합의 목표다.

이제 중국에 여행을 간다면, "중국에 간다"가 아니라 중국 베이징에 간다, 상하이에 간다, 충칭에 간다라고 하는 구체적으로 표현하는 것은 어떨까. 중국을 더 이상 과거의 가난했던 시절의 중국으로 만만하게 봐서도, 중국과 중국인은 가난하고 지저분하다는 등의 '이러이러하다'는 일반화한 인식으로는 '중국'을 제대로 이해할 수 없다. 중국을 만만하게 봐서는 안 된다.

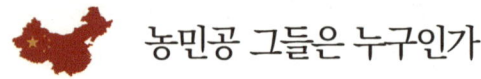# 농민공 그들은 누구인가

개혁개방改革開放 40년. '신중국' 건국 70주년.

중국은 경제대국을 넘어 미국을 위협할 정도의 '강대국'의 위상을 확보했다. 1950년대 대기근사태와 1960년대 문화대혁명 등을 거치면서, '원바오溫飽(의식주)'가 최고의 목표였던 중국으로서는 한 세대를 넘어서면서 기적과도 같은 일을 이뤄낸 것이다.

개혁개방 초기, 농촌을 떠난 농민들은 화교자본이 집중 투자된 광둥성 '션전深圳'으로 이주, 값싼 노동력을 제공해주지 않았다면 '세계의 공장' 중국을 만나지 못했을 것이다. 개혁개방초기인 1980년대 중국은 도시화율이 10%가 채 되지 않은 저개발국가 수준이었다. '후커우戶口(호적)'제도는 농민들의 도시이주를 막는 데 효과적인 수단이었다. 노동을 위해 이주한 도시의 후커우가 없는 농민은 정부가 제공하는 의료와 교육 등의 사회보장혜택을 전혀 받을 수 없다.

그런데도 농민들은 고향을 떠나 도시로 몰려들었다. 개혁개방이 속도를 내면서 션전에 이어 상하이와 칭다오 등 바다와 접해있는 '연해'도시들은 속속 공업생산기지로 변했고, 값싼 대량의 노동력이 필요했다. 대규모 투자를 받아 민간기업과 경쟁하게 된 국유기업들도 생산효율을 따지게 되면서 값싼 노동력을 이용한 경쟁력 확보에 나

**농민공의 식사시간**
각자 자신의 '철밥통铁饭'은 갖고 다닌다. 밥 위에 요리 하나 얹으면 그들에겐 만찬이다.

설 수 밖에 없었다. '농민공' 탄생의 필요충분조건이 마련된 것이다.

농민공은 '농촌에서 이주한 도시노동자'를 통칭하는 용어다. 그들은 원래 농촌에 거주하던 '농민农民' 호적을 갖고 있었기 때문에 도시로 이주하더라도 도시후커우로 변경할 수 없었다. 농민과 도시노동자를 의미하는 '민공民工'이 합쳐져 '농민공农民工'이라는 그럴듯한 이름으로 재탄생하게 된 것이다.

수많은 농민공의 피와 땀이 없었다면 경제대국 중국은 없었을 것이다. 농민공은 경제성장에 따른 의료와 교육 등 정부의 복지 혜택에서는 여전히 소외되고 있다. 그러나 도시로 이주해서 노동력을 제공하면서 동시에 농촌에 거주하면서는 축적할 수 없는 돈을 벌어, 새로운 계층으로 신분을 상승할 기회를 잡을 수 있었다. 개혁개방초기 농민공이 1세대라면 80년대 이후 태어나 농민공이 되거나 1세대 농민공의 자식들로 태어나 도시에서 살지만 도시 후커우를 취득하지 못한 도시노동자는 2세대 농민공이라고 분류한다.

중국 국가통계국은 매년 '농민공조사보고서'를 통해 농민공 문제에 대한 기초자료를 제시하고 있다. 국가통계국의 농민공에 대한 정의는 '후커우호적가 농촌에 있으나, 본적지에서 농업이외의 분야에 종사하거나 외지에서 6개월 이상 일한 노동자'다. 앞서 지적한 바와 같이 '1세대'와 '2세대' 농민공의 비율은 어느 새 비슷해졌다. 통계국이 추정하는 전체 농민공의 숫자는 2억9천여만 명으로 약 3억 명에 달했다. 월평균 소득은 약 3천 300위안한화로는 약 55만원으로 부부가 모두 도시로 이주한 농민공 가구의 경우, 가구당 월 6천600위안 정도의 가계소득을 버는 것으로 추정한다.

지방정부에 따라 농민공에 대한 교육과 의료혜택을 시행하고 변경이 쉽지 않았던 '후커우'제도를 개선해서 5년이상 등 일정기간 이상 해당 도시에 거주하고, 평균 소득에 따라 후커우호적를 부여해 주는 도시가 늘어나고 있다. 그럼에도 여전히 대다수 농민공들은 자신들이 거주하고 있는 대도시에서 정상적인 의료혜택과 주거 및 교육혜택을 받지 못한 채 살고 있다. 농민공의 어린 자식들은 고향인 농촌에서 농사를 짓는 부모님이 돌봐주면서 학교를 다니고 있다. 부모와 함께 도시로 이주한 경우에는 교육혜택을 받지 못해 학교에 다닐 수가 없다. 그래서 도시 곳곳에 농민공 자녀들을 위해 마련된 '야학'

**농민공 휴식**   잠깐 동안의 휴식시간, 단잠을 자는 농민공

에 다닌다.

 '농민공'은 중국경제의 그림자다. 농민공의 희생이 없었다면 중국경제는 지금처럼 고속성장을 할 수 없었을 것이다. 개혁개방 40주년이 지났지만 여전히 농민공은 줄어들지 않고 오히려 농촌을 떠나는 농민공은 늘어나고 있다. 그들의 생활은 과거에 비해서는 좋아졌다고는 해도 과거와 별반 달라지지 않았다.

제2부 | 신중국, 그들의 세상속으로   117

그들은 여전히 도시 외곽에 출신지역에 따라 형성된 마을베이징이나 상하이 등의 외곽에는 허난촌(허난성 출신마을), 장쑤촌(장쑤성 출신마을)등이 있다.에 모여서 산다. 운좋은 기회를 잡은 농민공들은 벼락부자폭발호가 되기도 한다. 미・중 무역전쟁을 비롯, 악화되는 중국경제의 대내외환경은 농민공을 도시와 농촌 어느 곳에서도 적응할 수 없는 골칫덩어리로 만들고 있다. 10%대의 고도성장을 자랑하던 중국경제는 이제 7%로 떨어진 데 이어 6%대 성장률도 유지하지 못할 정도로 어려움을 겪고 있다. 성장률이 1%만 떨어져도 수백만 명의 일자리가 사라지는 곳이 중국이다. 코로나사태는 개혁개방이후 처음으로 중국경제를 마이너스 성장으로 인도했다. 중국경제의 어두운 '그림자'인 농민공의 불안한 미래는 중국사회를 불안하게 하는 동인으로 작용할 수도 있다. 아프리카 돼지열병ASF의 창궐은 중국 라오바이싱老百姓의 생활물가를 흔들면서 민심을 동요시켰다. 중국인들이 가장 좋아하는 돼지고기 가격이 두 배 이상 뛰어올랐고 이런 물가 상승은 농민공 경제에 직격탄으로 작용하고 있기 때문이다. 엎친데 덮친 격으로 2019년 말 발병한 '우한발' 신종코로나 바이러스의 습격은 중국경제를 그로기상태로 몰고 갈 공산이 크다.

도시에서 일자리를 잃은 농민공들이 고향으로 돌아가더라도 땅 한평 없는 농촌에서 그들을 반겨줄리가 없다. 매년 3월 전국인민대표회의를 앞두고 있는 중국지도부는 농민공에 대한 포상 등 다양한 농민공을 위한 '당근'을 발표하곤 한다. 여전히 농민공의 미래는 한치 앞을 내다보지 못할 정도로 더욱 우울해지고 있고, 중국사회의 불안요소는 해소될 기미는 보이지 않는다.

 ## 폭발호暴发户, 벼락부자의 세상

　폭발호暴发户, 중국어로 '빠오파후', 벼락부자를 의미한다. 화산이 폭발하듯 짧은 기간에 부富를 축적한 중국부자다.

　개혁개방이후 '빛의 속도'로 경제성장을 이룬 중국에는 벼락부자들이 넘친다. 부자가 되기 위해 14억 중국인은 오늘도 달리고 있다. 하룻밤 자고 나면 부자순위가 뒤바뀌는 곳이 중국이다.

　개혁개방은 중국을 세계 2위의 경제대국으로 만들었고, 수많은 벼락부자들이 탄생할 조건을 만들었다. 초기에는 국유기업을 불하받은 중국공산당 간부들이 기업가 그룹을 형성, 고속성장의 단물을 독차지했다. 그들은 꽌시关系를 통해 정부의 막대한 자금지원을 손쉽게 받을 수 있었고 빠른 속도로 기업을 성장시켰다. 폭등한 부동산은 개발정보와 개발이익을 선점한 부동산재벌들을 양산했다. 이제 자산 20억 위안한화 약 3,400억원 이상을 보유한 중국산 빠오파후슈퍼리치만 2만여 명에 이른다2018년 후룬.

　프롤레타리아 정당인 중국공산당의 주류는 기업가다. 노동자와 농민 등 프롤레타리가 주축인 '무산無産계급 정당'이라는 중국 공산당은 당헌을 개정, 기업인들을 입당시켰다. 2000년대 이후 기업인들이 대거 중국공산당에 입당, 1억 명에 이르는 공산당원의 20%를 넘어섰다.

1 알리바바의 마윈 회장
2 징둥그룹의 류창둥 회장
3 화웨이 런정페이 회장

2019년 중국 최고의 빠오파후후룬는 알리바바 그룹의 마윈马云 전 회장이었다. 그 해 9월 경영 일선에서 퇴진한다는 선언을 하고 물러났지만 여전히 그는 2018~2019년 2년 연속해서 중국 최고부자 타이틀을 지켰다. 중국 최고부자 순위 2위는 위챗과 QQ의 텐센트 그룹 마화텅马化藤 회장이었다. 중국 경제잡지 '신차이푸新財富'가 발표한 중국부자순위에서는 마 회장이 알리바바의 마윈을 제치고 1위를 차지하는 등 최고부자를 향한 경쟁은 치열하다.

오늘 마윈과 마화텅, 헝다恒大그룹의 쉬자인许家印 회장이 엎치락뒤치락하면서 1위를 두고 순위경쟁을 벌이고 있지만 내일은 이들 중에서 중국 최고부자가 나올지 새로운 부자가 나타날 지는 아무도 모른다. 당장 마윈 전 회장은 2020년 순위에서 크게 내려갈 것이다.

중국 인민, 라오바이싱老百姓들이 본격적으로 '벼락부자'오르기 경쟁을 벌이기 시작한 2000년대 초반경 '서우푸'首富(최고부자)는 궈메이전기国美电器의 황광위黃光裕회장이었다. 학력이 기업인 순위는 아니지만 중졸中卒의 황 회장은 가전제품 양판점으로 성공신화를 썼다. 당시 그의 나이는 35세였다. 그는 그러나 얼마지나지 않아 내부자 거래와 뇌물공여혐의로 당국에 체포돼서 2008년 재판을 통해 징역 14년형을 선고받고 아직도 복역중이다.

개혁개방 초기에는 '포브스'지가 세계 부자순위를 발표하면서 별도로 중국부자순위를 집계해서 발표하기도 했다. 그러다가 2000년대 초반들어 중국 '후룬湖润'연구소가 발표하는 중국부자 순위가 신뢰를 얻었다. 이를 보면 중국인들이 얼마나 중국부자순위에 민감하게 여기는 지 알 수 있다.

신중국 건국의 아버지로 불리는 마오쩌둥毛泽东주석은 사후 신중국 건국에 기여한 정치적 공로보다는 오히려 라오바이싱의 현실적 욕망인 '재물신財物神'으로 더 사랑받고 있다.

2019년 중국 최고부자 마윈 회장의 자산은 무려 2천750억 위안한화 약 46조7천500억 원이었다. 2위 마화텅 회장은 2천600억 위안. 부동산재벌 헝다恒大그룹 쉬자인许家印 회장도 2천100억 위안으로 3위에 링크되었다. 이들 모두는 궈메이전기가 잘나가던 시절에는 부자축에도 끼지 못했다. 이밖에 메이디美的그룹 허샹젠何享健일가, 여성 기업인 양후이옌扬惠妍, 황정黃峥, 딩레이丁磊, 푸얼따이富二代(재벌2세) 논란을 일으키며 자주 물의를 빚은 아들 문제로 수렁에 빠진 완다万达그룹 왕젠린王健林 등도 10위권을 지키고 있다.

중국부자들은 2000년대 초반까지는 제조업이나 유통업에 뛰어든 자수성가형이 많았다. 혹은 탄광이 밀집한 산시성의 탄광부자들도 한 몫끼기도 했다. 그러다가 점차 점차 '넷이즈' 창업자인 딩레이를 비롯 IT업계에서 '유니콘기업'이 줄줄이 탄생하기 시작했다. 샤오미小米의 레이쥔雷军 회장이 20위권에 진입했고, '맨손창업' 7년 만에 성공한 '틱톡今日头条'의 장이밍张一鸣회장이 770억 위안의 자산으로 순위권에 오르기도 했다신차이푸.

알리바바 그룹의 '타오바오陶宝'와 더불어 중국내수쇼핑몰시장을

**징둥그룹 브랜드 로고**

분점分占하고 있는 '징둥京东닷컴'의 류창둥刘强东 회장도 시진핑 시대에 부자순위권으로 진입하는데 성공했다.

하루에도 수많은 벼락부자, 폭발호들이 탄생하고, 쪽박을 차고 사라지는 곳이 중국이다. 순전히 성실함과 자신의 노력과 혹은 지독하게 좋은 운으로만 중국 최고의 부자반열에 오르는 것은 불가능하다. 중국사회를 움직이는 핵심 체제와 밀접한 꽌시를 맺지 않고 부자가 되는 일은 절대로 일어나지 않는다. 신중국의 새로운 황제를 꿈꾸다가 실패한 보시라이薄熙来 전 충칭시 서기를 후원하던 다롄大连의 '스더'實德그룹 쉬밍徐明 회장은 보 전 서기의 낙마와 더불어 경제사범으로 함께 기소돼 재판을 받다가 옥중에서 사망하는 비운의 주인공이 됐다.

아직도 한창 일할 나이인 50대 중반에 불과한 알리바바 마윈 회장이 갑작스럽게 기자회견을 갖고 교사가 되고싶다며 은퇴를 선언한

제2부 | 신중국, 그들의 세상속으로 123

것이 진짜 '자의'에 의한 것은 아닐 것이라는 소문도 나돈다.

누구나 벼락부자를 꿈꾸지만 꿈꾸는 모든 사람이 벼락부자가 될 수는 없다. 게다가 한 번 올라간 최고부자 자리를 지키는 것은 더더욱 어렵다.

### 푸얼따이 富二代

푸얼따이는 중국에 흔하디 흔한 '재벌2세'다. 요즘 중국에서 가장 핫HOT한 푸얼따이는 완다그룹 왕젠린 회장의 외아들, 왕쓰총王思聰(31)일 것이다. 외아들이 워낙 사고를 많이 치는 바람에 왕 회장은 투자자와 주주들에게 "절대로 회사를 외아들에게는 물려주지 않을 것"이라고 공언해야 할 정도로 골칫덩어리인 모양이다.

중국 네티즌들의 비난을 독차지할 정도로 논란을 불러 일으킨 사건은 뭐니뭐니해도 자신의 애완견 '코코'에게 물쓰듯 고급 아이폰과 애플워치를 선물하면서 돈자랑을 해댄 일일 것이다. 2015년 그는 자신의 중국 SNS인 '웨이보'微博에 앞다리에 두 대의 애플워치를 찬 애완견 사진을 올렸다.

> "하하, 나 새 시계 생겼다! 나는 다리가 네 개라 시계도 네 개를 차야 하는데, 그러면 너무 졸부 같아 보일까봐 두 개만 찼어. 그렇다고 한 개를 차는 건 내게 맞지 않으니까. 너희도 이거 애플워치 있니?"

푸얼다이의 폐해를 보여주고 있는 완다그룹 회장의 아들 왕쓰총

이 사진과 글을 본 중국 누리꾼들은 재벌2세의 돈자랑에 대해 격분했다.

왕쓰총은 2016년 아이폰7 최신폰이 출시되자 애완견 앞에 아이폰 여덟대를 선물한 사진을 다시 올렸다.

그는 자신의 생일파티를 성대하게 여는 것으로도 유명했다. 영국 유학을 한 왕쓰총은 재벌2세답게 27세 생일 때 하이난다오의 산야三亞에 가서 리조트 하나를 통째로 빌려 파티를 열었고 그 때 우리나라 걸그룹 티아라를 초청, 콘서트를 열었다.

돈을 물쓰듯 쓰는 그의 소비행태에 대한 비난이 잇따르면서 중국 당국은 새롭게 도입한 '사회신용제도'를 활용해 그에게 '사치금지령'을 내렸다. 중국의 새로운 사회규범통제제도인 사회신용제도에 따라 그는 금지령이 해제되기 전까지는 전처럼 1등석을 타고 해외여행을 가거나 부동산투자 및 골프장 이용, 고급 클럽 출입금지 등 그동안 자기 마음대로 해왔던 사치행위를 할 수 없게 됐다. 그가 사치금지령을 받은 것은 소송에서 1억5천만 위안의 채무를 변제하지 않아 법원의 강제집행명령을 이행하지 않았기 때문이기도 하다.

#  샤오황디小皇帝, 빠링호우, 지우링호우80后, 90后

 우리나라 출산율이 2018년 처음으로 1.0명 이하인 0.97명으로 떨어지면서 전 세계 최저 출산율을 기록했다. 우리와 마찬가지로 중국 역시 심각한 출산율 저하에 따른 부작용에 시달리고 있다. 세계 최다 인구 14억 명을 자랑하는 중국이 인구감소를 걱정하고 출산율제고를 위한 정책으로 전환했다는 사실이 믿기지 않는다.

 중국 인구는 1980년 9억8천700만 명에서 10억 명으로 뛰어올랐고, 1995년 마침내 12억 명을 돌파했다. 이어 10년 만인 2005년 13억 명에 도달했고 2018년에는 13억9천800만으로 2019년 사실상 14억 명추계을 넘어선 것으로 추정된다.

 가파르게 증가하던 중국인구도 최근 둔화되고 있다. 2010년에서 2016년까지 중국의 평균출산율은 1.18명이었다. '초고령화 사회'로 접어든 우리나라를 뒤따르듯, 중국도 이미 고령화 사회로 진입한 것이다. 중국의 60세 이상 노인인구는 2억4천900만 명으로 2017년 노인인구 비중이 17.9%에 이르렀다.

 풍부한 인구자산을 바탕으로 3억 명에 이르는 농민공을 비롯한 넘쳐나던 노동력으로 거칠 것 없는 경제성장을 자랑하던 중국이었다. 그런데 중국이 노동력감소가 아니라 가용노동력 부족을 걱정하기 시작했다.

드라마 〈大院子女〉의 한 장면

중국은 급격한 인구증가를 조절하겠다며 1980년부터 '계획생육정책计划生育'의 일환으로 1가구 1자녀獨生子 정책을 강력하게 시행하기 시작했다. 가구당 한 명의 자녀만 낳으라는 것이었다. 한 자녀 이상을 출산한 가구에 대해서는 무거운 벌금을 부과했고 공산당원이거나 공무원일 경우에는 벌금과 더불어 인사상 불이익을 당하게 되는 등의 조치가 뒤따랐다. 그 결과 외동아들, 외동딸로 태어나 '금지옥엽' 자라난 '샤오황디小皇帝' 세상이 펼쳐졌다. 80년대에 태어난 샤오황디들은 경제성장을 바탕으로 부자나라가 된 신중국의 주요 소비계층으로 등장, '빠링호우80后(독생자정책을 시행하기 시작한 80년대 이후에 태어난 세대)'로 재탄생했다. 빠링호우에 이어 90년대에 태어난 20대 청년들은 '지우링호우90后'로 불리고 있다.

한 자녀 정책의 제도적 폐해는 벌금과 제재로 인해 호적에 올릴 수 없어 '무無 호적자'가 된 '헤이하이즈黑孩子'를 양산할 수 밖에 없었다. 헤이하이즈는 호적에 올라가지 못한, 아이로 나이가 들어서도 정식으로 학교교육도 제대로 받지 못하고 사회보장혜택도 받지 못한 채 가짜 신분증명서를 만들어 유령처럼 떠돌아다니는 존재다.

시진핑 체제 들어와서 중국은 한 자녀 정책을 전격적으로 폐기했다. 2030년 14억4천만 명을 정점으로 중국인구가 감소하기 시작할 것이라는 중국국책연구기관의 경고성 전망이 나오자 중국공산당 지도부는 35년간 지속한 한 자녀 정책에 대한 공식 폐기를 선언하기에 이르렀다.

이미 2013년부터 부모 중 한 사람이 독자일 경우에는 두 명의 자녀를 가질 수 있도록 하는 한 자녀정책을 폐기하는 정책을 시범실시한 바 있는 중국은 인구감소가 예상보다 더 빠르게 진행될 것이라는 진단이 나오고 중국경제를 받치고 있던 경제성장율이 7% 대에서 6.0%대로 떨어지자 인구감소정책의 전환을 채택했다. 그러나 이같은 정책 전환으로도 당장 중국인구가 증가세로 바뀌지는 않을 것이다. 자녀 한 명을 교육시키기에도 힘든 중국의 젊은 세대는 웬만해서는 두 명 이상의 자녀 출산을 장려하더라도 선뜻 호응하지는 않을 것이다.

다만 한 자녀 정책 시행에서도 예외로 인정하던 소수민족부부 중 한 사람이 소수민족인 경우에는 2자녀까지 낳을 수 있는이나 부부 중 한 쪽이 외국인인 가구 등에서도 두 명 이상의 아이를 출산한 가구비율이 높지 않

# 90后, 你懂吗?

**'당신들은 90년대에 태어난 세대를 아는가'**

았다는 점을 감안하면, 1자녀 정책 폐지에 대한 효과는 당장 크게 드러날 것 같지는 않다.

지금 중국을 이끄는 중국공산당 지도부는 53년생인 시진핑 주석을 비롯, 대부분 1950년대에 출생했다. 시진핑 체제 2기가 끝나는 시점인 2022년 쯤에는 1960년대 생들이 대거 정치국 상무위원회에 진입할 전망이다.

그러나 경제 분야에서는 이와는 다른 분위기다. 한 자녀 정책의 결과인 빠링호우와 지우링호우들이 IT산업과 유통산업 등 신산업에서 두각을 나타내고 있기 때문이다.

'틱톡'으로 유명한 '今日头条'의 30대 청년 장이밍张一鸣(36)이 중국최고의 부자순위 10위에 턱걸이 한 것을 비롯해서 부동산기업 양후이옌扬惠妍(37,여)도 중국 최고의 여성기업인이자 빠링호우의 선두주자로 꼽혔다. 양 회장의 경우 아버지로부터 물려받은 부동산회사를 키웠지만 다른 빠링호우 기업가들의 특징은 대부분 베이징대와 칭화대, 푸단대 등 이름만 들어도 알 수 있는 중국내 명문대를 졸업한 지 10년도 되지 않아 '자수성가'했다는 특징을 갖고 있다. 이들은 IT분야에서 부동산, 교육, 드론, 전기자동차, 바이오 분야 등 다양한 분야에서 새로운 기업가그룹을 형성하고 있다.

신중국의 진짜 힘은 중국공산당이 주도하는 '국가주도경제'에 있는 것이 아니다. 한 자녀에게 집중된, 좋은 교육을 받고 자라 실력까지 탄탄하게 갖추고 세상에 진출한 '빠링호우'와 '지우링호우'에 중국의 미래가 있다.

'샤오황디小皇帝'는 잊어라. 그들이 '빠링호우'와 '지우링호우'로 돌아왔다. 드디어 1자녀 정책의 마지막 세대 '링링호우00后'도 세상에 나타났다.

 단골常客은 없다

중국에선 '단골'은 '호갱어수룩하여 이용하기 좋은 손님'이다.

상거래에서 단골에게는 가격을 할인해주고 '할인쿠폰'을 제공하는 등의 온갖 우대혜택을 주는 것이 기본인데 '상인商人'의 나라이자 경제대국 G2에서 단골을 호갱취급한다는 것은 있을 수 없는 일이라고?

단골은 중국에서 '창커常客'이라고 한다. 늘 오는 고객이라는 의미를 담고 있다. 중국에도 단골개념이 있다는 얘기다. 그런데 중국에서는 우리가 익히 잘 아는 '단골'관계가 짝사랑에 그치거나 종종 배신을 당하는 일이 벌어지기도 한다. 여러 번 가서 자주 사는 가게인데도 특별히 싸게 우대혜택을 주지 않고 어떤 경우에는 오히려 다른 가게보다 더 비싸게 가격을 부르는 경우도 있다. 이쯤 되면 '단골'이 아니라 '호갱'이라고 봐야 하지 않을까.

종종 가던 베이징의 어느 가게에서 가격흥정을 하다가 절충이 되지 않아 아쉬움을 남긴 채 가게 문을 나섰다. 며칠이 지난 후 그 때 눈여겨 뒀던 물건이 눈앞에 어른거려서 다시 그 가게를 찾았다. 가게 주인은 놀랍게도 자신이 제시한 지난 가격보다 더 비싼 가격을 불렀다. 그래서 그때보다 더 비싸게 부르는 것은 사리에 맞지 않다고 볼

**단골가게** 단골(常客)은 없다. 중국상거래에선 신뢰가 없는 상태에서 단골대접은 없다는 말이다.

멘소리를 했더니 가게주인은 아랑곳하지 않고 물러서지 않았다. 기분이 나빠져서 다시는 그 가게를 찾고 싶지 않았다.

당시에는 그 상인이 왜 그렇게 나를 '호갱'대접한 것인지 전혀 이해하지 못했다. 나중에 중국친구에게 그 얘기를 들려주고 나쁜 사람이라고 했더니 웃으면서 '중국 상인'이 왜 그렇게 행동한 것인지 설명해줬다.

가게주인 입장에서 자신의 가게 물건이 좋아서 자주 온 것이니까 굳이 깎아주면서까지 팔 필요가 없는 손님이었다. '흥정을 하다가 결국 물건을 사지 않았지만 다시 그 물건을 사러 온 것은 그 물건을 꼭 사고 싶어서 온 것이므로 가격이 더 비싸도 살 수 밖에 없을 것'이라고 생각했다는 것이다. 듣고 보니 그 말이 맞았다. 그 때 그 물건이 마음에 들어, 다음에는 더 비싸게 부를 것 같아서 처음 흥정한 가격보다 조금 더 비싼 가격이었지만 '에이'하는 마음에 사고야 말았다. 나는 중국 상인의 상술에 당한 호갱이었다.

사실 우리가 한국의 단골개념으로 중국에서 대우를 받거나, 대접을 하다가는 호갱되기 십상이다.

중국에서라고 왜 단골이 없겠는가. 다만 우리가 생각하는 어느 일방의 단골이나 일방의 호갱은 없다는 말이다.

가게주인 입장에서는 내가 자주 오는 고객은 맞지만 '창커'는 아니었던 셈이다. 신뢰할 정도로 깊은 관계를 맺지 못했기 때문에 그런 대접을 한 것이다. 한국에서는 종종 "오늘 (가격을)잘 해주면 다음에 크게 이익을 낼 수 있도록 손님을 소개해 줄께"라며 흥정을 하곤 한다. 중국에서는 이런 방식의 흥정이 잘 먹혀들지 않는다. 고객과의 사이에 깊은 신뢰가 없는 상태에서 전혀 기대할 수 없는 미래의 이익을 기대하면서 가격을 깎아줄 중국 상인은 없다.

이같은 중국의 상거래관행을 이해하지 못하면 중국과의 비즈니스에서도 낭패를 겪을 가능성이 높다.

중국파트너와 한두 번 거래를 한 이후, 조건을 변경하거나 가격 변경을 요구하는 것은 위험부담이 크다는 얘기다.

우리가 중국과 교류협력을 하는 과정에서 오해하는 여러 가지 중 하나가 '친구펑요우(朋友)'관계다. 한 번 만나서 '펑요우'가 되고 다음 날 만나면 '라오펑요우老朋友'가 된 듯한 착각에 빠진다. 하룻밤 술 한 잔 마시고는 '따거'라고 부르는 '형·동생'사이가 되기도 한다.

한두 번 만나서 깊은 신뢰를 쌓을 수도 있지만, 인간관계는 물론이고 거래관계에서도 그건 쉽지 않은 일이다.

**명절에 선물사서 가는 가족들**
윈난의 시골마을, 춘절 한 가족이 명절선물을 사서 친지집을 찾아나서고 있다.

    한중관계를 '朋友'에서 '老朋友'로 격상시키고, 진정한 동반자 관계로 격상시키는 것은 어려운 일이 아니다. 한두 번의 선심으로 중국의 마음을 살 수는 없다. 반드시 원칙을 지키면서 꾸준히 같은 자세로 대한다면 신뢰는 쌓이게 마련이다. 단골가게를 두고 있더라도 같은 물건을 파는 다른 가게를 통해 그 물건의 시세를 몰래 확인하는 그런 지혜도 필요하다.
    이 시점에서 '우리는 중국의 '창커'인가 아닌가?' 곰곰 생각해보면, '호갱' 취급받고 있다는 느낌을 강하게 받는다. 섣부른 의심과, 설익은 신뢰 모두 중국과의 관계에서는 금물이다.

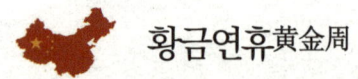
## 황금연휴黃金周

중국에는 '황금연휴'가 있다. 황금알을 낳는 휴가라는 의미의 황금연휴는 중국에서만 있는 연휴제도다.

중국 국무원은 우한폐렴 확산세가 지속되자 춘절연휴기간인 지난 1월 26일2020년, 이번 연휴기간을 당초의 30일까지에서 2월 2일까지 사흘간 연장하는 긴급조치를 발표했다. 이로써 춘절 '황금연휴黃金周'는 사상 최대인 10일로 늘어났다. 원래 이번 춘절황금연휴는 1월 24일부터 30일까지 7일이었다. 연휴를 3일 연장함에 따라 기업과 공공기관에서는 연휴를 대신해서 일해야 하는 대체근무일을 사흘 더 늘려야 한다. 이번 춘절연휴도 7일로 만들기 위해 국무원은 일요일인 1월 19일을 대체근무일로 지정, 공공기관과 국영기업 등은 출근을 해야 했다.

올해 중국 국무원이 고시한 중국의 공휴일토, 일요일은 휴무일은 1월 1일을 비롯, 총 35일이다. 우리나라의 올해 공휴일 67일의 절반에 그친다. 7일간, 혹은 3일간의 연휴가 올해 여섯차례가 있어 연휴를 전후한 주말과 휴일을 잘 활용하면 장기간의 해외여행도 가능하다.

이처럼 중국의 공휴일 정책은 3일 이상을 연달아 쉴 수 있도록 배치돼 있어 넓은 중국 국내여행은 물론 해외여행을 하기에 아주 좋다.

특히 중국 최대의 명절인 춘절春节에는 이번처럼 7일을 쉬면서 여행까지 할 수 있도록 짜여져 있어 '황금연휴黃金周'라고 불린다. 황금연휴는 춘절 외에도 노동절5월1일~5일과 국경절10월1일~8일 등 년간 세 번이다.

이밖에 청명절淸明節(4월4일~6일)과 단오절端午節(6월25일~27일) 추석 등 세 번의 민속명절에도 사흘씩의 연휴가 주어진다. 추석인 중추절仲秋節은 올해의 경우, 국경절연휴와 겹쳐지면서 국경절 연휴가 하루 더 늘었다.

사실 황금연휴라는 별칭이 붙은 일주일 이상의 연휴는 아주 오래전부터 시행된 공휴일제도는 아니었다. 개혁개방이후 급속한 경제성장을 바탕으로 일반인의 대중여행이 본격화되기 시작한 1999년부터 중국은 연휴제도를 시행했다. 1999년 국무원은 '명절과 기념일에 관한 국무원령'을 공포했는데 이 때 춘절과 국경절, 노동절 등 세 번의 공휴일을 전후해서 연속 7일간 연휴를 시행하기로 한 것이다. 즉 명절과 두 번의 기념일을 3일 연휴로 하고 앞 뒤 주말, 휴일 4일을 쉬도록 하고 대신 다른 날짜를 대체근무일로 지정하면서 7일 연휴가 가능해지게 된 것이다.

우리나라에서도 직장인들이 사흘연휴를 얻어 앞뒤 주말을 모두 이어서 휴가를 간다면 최장 9일까지도 연휴가 가능해진다. 그러나 중국에서는 7일 연휴를 위해 앞 주말을 대체근무일로 정해서 최소

**여행다니는 중국인**

7일간의 황금연휴제도를 공식적으로 만들어 시행하고 있다.

노동절 연휴는 이때부터 '5.1 황금연휴', 국경절연휴는 중화인민공화국 선포일인 10월1일부터 시작된다고 해서 '10.1 황금연휴'라고 불리게 됐다.

중국 정부가 연속 일주일을 연휴로 만든 것은 여행 소비 진작을 통해 경제성장율을 끌어올리겠다는 경제적 의도가 숨겨져있다. 국무원 발표에 따르면 1999년 제1차 10.1 황금연휴 기간 동안 전 중국에서 2,800만여명이 여행에 나섰고, 이 기간 동안의 여행수지는 무려 141억 위안한화 약 2조3천970억원에 이르렀다. 황금연휴가 국내소비 진작에 적절한 효과를 나타낸 것으로 입증되자 중국 정부는 황금연휴를 제도적으로 정착시키며 여행을 장려하기에 이르렀다.

황금연휴제도를 시행한 지 16년이 되는 2015년 10.1 황금연휴기간10.1~10.7이 끝나는 8일, 전 중국의 황금연휴기간 소비액 집계를 내보니 무려 10,820억 위안으로 전년도 동기에 비해 11% 증가했다. 이는 99년 연휴제도 시행 이래 황금연휴기간의 소비증가율로도 최고를 기록한 것이었다.

황금연휴제도 시행 10년째인 2008년 중국은 5.1 노동절 '황금연휴'를 없애고 3일 연휴로 바꿨다. 대신 하루씩이던 청명절과 단오절 중추절 공휴제도를 '3일 연휴'로 개정했다.

1949년 제정된 신중국의 공휴일 규정에서는 이밖에도 세계여성의 날3월8일인 중국의 '부녀절'과 5.4 운동을 기념하는 5.4 '청년절' 어린이날6월1일, 인민해방군건군기념일8월1일 등에는 해당되는 대상, 즉 여성의 날에는 일하는 여성에게 반나절 휴무, 청년절에는 14세 이상 청년들에게 반나절 휴무, 어린이날에는 14세 미만 청소년과 아동에게 1일 휴가를, 건군절에는 현역군인에게 1일 휴가 등을 주도록 규정하고 있다.

## 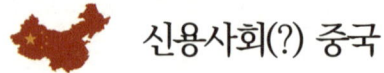 신용사회(?) 중국

완벽한 통제는 없다. 마치 '만리장성'과도 같은 거대한 '만리방화'라는 방화벽이 작동한다고 해서 '빅브라더'의 감시의 시선에서 벗어난 틈새는 있다는 것이다.

당국이 아무리 '가상사설망vpn' 사용을 불법화하더라도 당국의 조치를 우회하는 방법은 얼마든지 생겨나는 곳이 중국이다. 열 사람이 도둑 한 명 잡기가 쉽지 않다. 보다 진화한 유료 가상사설망이 성행하고 있다든지, '데이터로밍' 같은 방식으로 중국에서 인터넷에 접속하면 얼마든지 페이스북과 트위터 등 중국 당국이 접속을 차단시킨 해외 SNS에 얼마든지 접속할 수 있다. 혹은 반체제 인사들은 아예 기존 인터넷망을 우회하는 다크웹을 이용하기도 한다.

이미 우리는 중국 세계 최고의 얼굴안면인식기술 보유 및 활용국가라는 것을 잘 알고 있다. 중국당국은 중국 전역에 2억대 이상인 공공장소와 길거리에 설치된 CCTV를 내년까지 두 배 이상 늘리다는 계획이다. 2022년까지는 6억 대가 넘을 것으로 예상되고 있다. 공항 철도 및 지하철역, 터미널은 물론이고 거리 곳곳에는 촘촘하게 CCTV가 설치돼있다. 신호위반을 하거나 과속을 한 자동차에 대해서는 중국에서는 자동차의 교통위반은 자동차의 후면에서 촬영한다. 곧바로 200~300

위안의 벌금이 통보된다. 세계 최고수준의 안면인식기술을 적용한 CCTV는 무단횡단을 한 시민들의 휴대폰으로 즉각 범칙금 통보 문자메시지를 전송한다. 중국에서는 휴대폰을 개통할 때 반드시 공민증외국인은 여권을 제출해야 하기 때문에 과거와 같은 '대포폰'은 없다.

　여름철이면 베이징의 골목길후통은 물론 대로변에서도 활개를 치던 '꽝팡즈光膀子'라고 불리는 '웃통을 벗어 제낀' 남자들의 모습도 안면인식 CCTV가 도입되면서 사라졌다. 기차역을 찾은 수배자를 CCTV를 통해 확인한 '공안'이 즉시 체포하기도 하고이런 방식으로 체포된 범죄자가 이미 40여명에 이르렀다. 아예 안면인식 만으로 결제를 하는 수준에 까지 중국의 안면인식기술 활용도는 다양해졌다. 중국의 안면인식기술은 휴대폰에 적용된 '페이스아이디'수준을 넘어 성별은 물론 인종과 나이까지 구분하고 쌍둥이까지도 구분할 수 있을 정도까지 발전됐다고 평가받고 있다.

중국에 입국하는 외국인들도 입국하면서 손가락 10개의 지문을 모두 등록하고 얼굴인식까지 하고 있다.

사실 중국의 안면인식기술은 사실 사회통제를 하기위해 개발된 측면이 강하다. 쉽게는 지하철을 탈 때 카드나 승차권 없이 안면인식만으로 결제가 될 수 있도록 지하철에도 안면인식기술이 도입되고 있고, 베이징의 모든 KFC 매장이나 식료품점 헤마Hema 같은 경우에는 얼굴을 미리 등록해두면, 얼굴을 한 번 인식하는 것으로 결제가 되는 시스템을 도입했다.

문제는 광범위한 안면인식기술을 활용한 CCTV의 확대는 '빅브라더'의 전방위적인 감시를 용이하게 하고 있다는 점이다. 개인의 사생활 침해와 인권침해는 불을 보듯 뻔하다. 중국은 특히 소수민족의 '분리독립운동'이 벌어지고 있는 신장위구르족에 대한 감시에 안면인식기술을 적극 활용하고 있다. 신장위구르자치구를 떠나는 모든 위구르인들에 대한 감시와 추적을 본격화하고 있다는 것이다. 그들이 중국 전역 어디를 가든지 추적하고 감시하고 있다는 것이다.

1천만명이 넘는 사람들을 어떻게 추적하고 효율적으로 관리할 수 있느냐고? 중국에서는 가능하다. 14억 인구 전체를 대상으로 한 '사회신용점수제도'가 그것이다.

중국은 2014년부터 '사회신용제도'라는 개인에 대한 평가제도를 도입해서 시험운용하고 있다. 이는 CCTV를 통해 드러난 교통법규 위반 횟수 뿐만 아니라 공과금을 제때 내는지, 헌혈을 얼마나 하고 자원봉사를 몇회나 하는 지 등의 모든 사회적 행동을 한 개인의 사회 신용점수로 환산해서 상을 주거나 제재를 가하겠다는 것이다. 중국 정부는 이 제도에 대해 '더 믿을 만하고 조화로운 사회'를 건설하는 것이 도입목적이라고 주장한다. 실제로 이 제도로 평가된 점수에 따라 나쁜 평가를 받은 사람은 공항에 가서 비행기를 탈 수도 없고 기차를 타기도 어렵다. 중국당국이 이 제도를 전면 도입하기로 한 2020년 이후에는 완전한 빅브라더의 세상이 전개되는 것이다. "신용없는 사람은 하늘 아래 한 걸음도 떼기 어려워질 것이다"

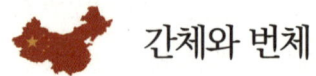# 간체와 번체

　마오쩌둥의 '신중국'과 중국을 구분하는 가장 큰 특징 중의 하나는 '간체'와 '번체'다.
　우리는 중국에 처음 도착하면서부터 우리가 알던 한자가 아닌 해독할 수 없는 문자에 당황함을 넘어 두려움을 느끼기까지 한다. 웬만한 한자漢字는 다 알고 있다는 자부심이 신중국의 문자인 '간체' 앞에서는 지체없이 무너졌기 때문이다. 그 때부터는 중국공산당이 지도하는 '신중국'은 우리가 알던 중국과는 크게 다르다는 인식에 두려움까지 들게 된다.
　공항은 '空港'이 아니라 '지창机场' 고향은 '故鄉'이 아니라 '故乡'으로 표기되고 학습은 學習대신 学习로 표기된다. 같은 한자문화권이라고 여겨 온 중국이 낯설어지게 된다. 복잡하고 어려운 한자를 제쳐두고 '간체'라는 새로운 중국의 문자를 공부해야 한다는 중압감도 들게 된다.

　'간체簡體'는 중화인민공화국 성립직후부터 제정논의가 시작되기 시작했고 1956년 중국문자개혁위원회가 공포하고 이후 국무원 전체회의에서 통과되어 오늘날까지 이르렀다. 간체공용화는 시행된지

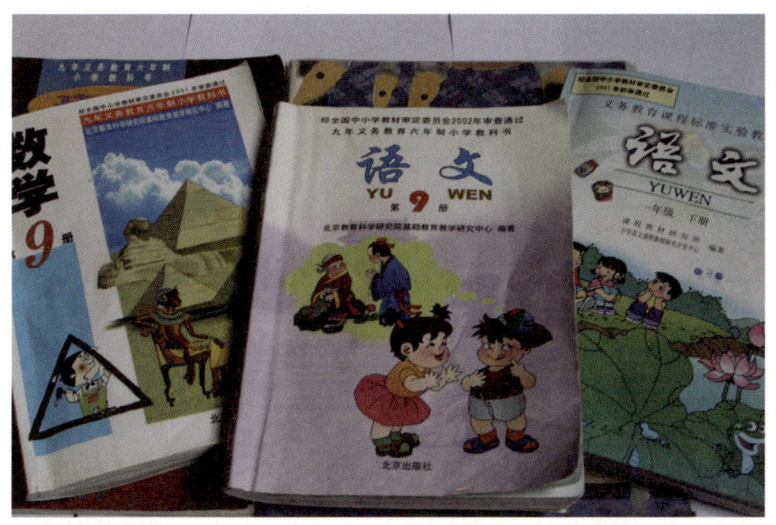

중국초등교과서 어문

63년이 지났다. 신중국의 간체자 제정 이전에도 중국에서는 일상생활에서 수백여 한자가 약자로 사용되고 있었다. 그래서 19세기 중반, '태평천국의 난1850~1864'때는 간체가 처음으로 합법적 지위를 얻기도 했다. 그 이후 국민당 정부중화민국가 간체화방안을 법제화하려고 하다가 실패한 역사도 있다. '한자의 간소화'는 중국의 오랜 숙원이었던 셈이다.

한자의 혁신과 세계문자화는 마오쩌둥 주석의 오랜 숙원이었다고 한다. 마오 주석은 "한자는 세계의 문자와 통하는 병음문자로 개혁돼야 한다."며 한자를 간소화하는 '문자혁명'을 지시했다. 간체화 제정에 이은 한자의 표음문자화가 마오 주석의 최종적인 목표였다. 인민대중이 모두 이해하는 간편한 문자를 만들어야 한다는 것이 마오의 생각이었다. 간체화 제정 당시 중국의 문화계에서는 "전통과 단

절될 수 있다"며 강하게 반대했다.

　1956년 공포된 간체자는 이후 몇 차례 보완작업을 거쳐 1964년 총 2,200자로 확대되었고 1984년에는 3,000여자로까지 늘어났다.

　사실 간체자 제정이후 중국사회는 엄청난 변화를 겪었다. 그래서 중국에서는 간체자 제정을 '문자의 추수혁명秋收革命'이라고 부른다. 마오쩌둥 주석이 주도적으로 일으킨 최초의 공산혁명인 '추수혁명'에 버금가는 역사적 사건이라는 의미다.

　특히 간체자는 중국의 문맹율을 낮추는데 결정적인 역할을 했다는 평가를 받는 반면, 중국의 오랜 전통과 단절되는 등 문화적 퇴보를 초래했다는 지적도 함께 받고 있다. 간체제정 당시 중국의 문맹율은 80%를 웃돌았다. 간체자가 공용화된지 30년이 지난 1980년대 중국의 문맹율은 23%로 급락했고 지금은 10% 내외로 추정되고 있다. 중국에서 '영원한 총리'로 추앙받고 있는 저우언라이周恩來는 "지식분자는 아동이나 문맹의 입장에서 생각해봐야 한다"며 간체화가 문맹율 해소가 최대의 목적이었다는 점을 분명히 했다.

　간체 공용화가 60여년이 지나면서 간체는 중화권의 주류문자가 되었다. 미국과 캐나다 등 북미권에서 한자는 간체와 번체를 함께 교육하지만 대다수는 간체를 채택하는 등 간체는 중국어의 국제표준문자로 인정받았다. 중화문화권에 편입된 싱가포르와 말레이시아도 간체를 자국의 공용어중 하나로 사용하고 있다. 다만 대만과 우리나라에서는 간체 대신 '번체'를 여전히 사용하고 있다.

　'간체공용화'의 가장 큰 단점은 간체만 이해하는 중국인들이 중국의 고전을 이해하지 못하는 것이다. 그러자 중국내에서도 간체와 함께 번체도 교육해야 한다는 논란이 벌어지기도 했지만 힘을 얻지는 못하고 있다. 유엔에서도 2,000년대 초반까지는 중국어표기를 간체와 번체를 병용해오다가 최근 '간체'로 중국어표기를 단일화했다.

신중국을 제대로 이해하기 위해서는 한국에서도 번체와 동시에 간체 교육을 병행하는 살아있는 한자교육에 나서야 할 때가 되었다.

 미스터리 중국부동산

중국에서 토지는 개인의 소유가 아니다. 개인은 토지를 사용할 수 있는 권한을 한시적으로 가질 뿐이다. 30년에서 50년에 이르는 토지사용권을 기반으로 한 부동산시장이 중국 내수경제를 이끄는 또 다른 축이라는 점이 경이롭다.

지난 30년 동안 중국에서는 부동산가격은 매년 2배이상 상승, 거의 15배 정도 올랐다. 매년 발표되는 중국 최고의 부자리스트에는 부동산기업인 '완다万达' 그룹 왕젠린 회장이 알리바바의 마윈 전 회장과 1, 2위를 다툴 정도로 부동산은 황금알을 낳는 거위로 등극했다. 헝다恒大그룹 쉬자인 회장 등 2, 3명의 부동산 재벌이 10위권 안에 올라있다. IT기업과 더불어 부동산기업이 중국경제를 이끄는 쌍두마차였다.

토지 소유권이 국가에 속해있는 '사회주의 시장경제' 속성을 가진 중국에서 부자가 되는 가장 빠른 길이 부동산투기라는 점은 이해하기 어려운 미스터리다.

토지의 국가소유권에는 변함이 없지만, 중국은 개혁개방이 본격화된 이후인 1997년부터 토지사용권을 자유롭게 매매할 수 있도록 법을 개정했다. '국유지'에 한시적 토지사용권을 이용해서 지어진

**상하이 푸동 스카이라인**

주택과 아파트 가격이 중국경제성장의 속도 이상으로 급격하게 올랐다. 부동산업계에서는 중국부동산 거품이 조만간 꺼질 것이라는 우려의 목소리가 늘 제기돼 왔지만 아직까지도 중국 부동산은 유효한 투기 수단이 되고 있는 것이 사실이다.

중국 베이징에 유학하던 시절, '한인타운'이 형성된 왕징에 새로 짓던 아파트가 있었다. 그 아파트를 구입하라는 중국친구의 강한 권유를 받았지만 많은 고민을 하다가 그만 살 수 있는 기회를 놓쳤다. 그 때 사지 못한 것이 두고두고 한동안 한(?)이 되었다. 중국의 부동산에 대한 이해가 낮았던 당시에는 왜 토지사용권으로 쌓아올린 아파트가 급등하는 지 납득이 가지 않았기 때문이다.

중국에서는 아파트를 살 때 아파트를 담보로 은행에서 거의 70%까지 대출을 해준다. 지금껏 중국의 부동산 투기는 이를 토대로 해서 가능했다. 직장인의 월 급여가 3,000~5,000여 위안50~100만원이어도 아파트를 구입할 수 있는 방법은 은행대출이었다. 베이징이나 상하이 등은 물론이고 웬만한 중국 대도시의 부동산은 매년 20~30% 급등했기 때문에 서민이 쉽게 돈을 모으는 방법으로는 부동산이 으뜸이다.

중국정부는 이따끔 부동산가격 급등에 대해 규제책을 내놓는 등의 단기처방을 내놓았으나 별 효과가 없었고 경기부양이라는 명목으로 규제책은 실효성이 없는 정책이 대부분이었다.

베이징 올림픽을 앞두고 있던 2004~2007년 사이에 중국의 부동산시장은 급등하기 시작했다. 올림픽을 앞두고 전중국에서의 건설수요가 부동산시장을 끌어올렸고 중국정부의 부동산 정책도 시장의 확대를 부추기는 쪽으로 전개됐다. 2008년 글로벌 금융위기 때 일시적으로 상승세가 주춤하기는 했지만 중국정부는 금융위기 극복을 명분으로 대규모 경기부양책을 건설 쪽에 시행했다. 이에 중국 부동산은 2009~2013년에 걸쳐 2차 상승기를 맞이했다.

완다그룹과 헝다그룹 등 부동산 재벌의 성장은 두 차례의 상승기를 이용한 대규모개발 호재에 따른 결과였다. 2016년 완다그룹의 왕 회장은 부동산재벌로는 처음으로 중국 최고 부자반열에 오를 수 있었다. 쉬 회장도 같은 해 10위에 올랐다.

이번 신종코로나바이러스우한폐렴이 창궐하기 전까지는 중국 부동산이나 중국경제에 대한 위기경보는 켜지지 않았다. 그러나 사스보다 더 심각해진 우한폐렴 확산은 중국경제는 물론 중국부동산 시장에 찬물을 끼얹을 공산이 크다. 지난 해 가까스로 6%대의 턱걸이 경제성장율을 기록한 중국경제가 단기간에 우한폐렴을 극복하고 정상화되기까지는 적잖은 난관이 도사리고 있을 것이다.

또 하나 이해되지 않는 것은 중국의 부동산가격이 1인당 국민소득에 비해 상당히 높은 수준이라는 점이다. 베이징과 상하이 및 선전 등의 부동산지수는 집값이 비싸기로 유명한 뉴욕이나 서울보다도 월등하게 높다. 토지소유권도 없는 한시적 토지이용권 위에 세워진 아파트인데도 말이다. 결국 중국의 부동산시장은 시장에 의해서만 결정되는 것이 아니라는 사실을 간과해서는 안된다는 점이 분명하다. 부동산정책에 대한 중국지도부의 의지가 바뀌지 않는 한 현재의 중국 부동산의 구조와 가격은 큰 변화가 없을 것이다.

지난 2012년 부동산 규제책의 일환으로 3채 이상의 주택보유자에게 은행대출을 금지시키고 독신자는 1채 이상의 주택을 소유하지 못하고 1%에 불과하던 양도세를 20배로 올리는 극약대책을 내놓기도 했지만 중국 부동산시장은 건재했다.

# 제3부

# 신중국, 중국공산당 세상

#  서기书记는 비서인가?

중국은 매년 10월 1일 베이징의 톈안먼天安門 광장에서 신중국 성립成立(건국) 기념행사를 갖는다. 2019년 10월 건국 70주년 국경절国庆节에는 시진핑习近平 중국공산당 총서기 겸 국가주석 등 중국 공산당 정치국 상무위원 등 중국 최고지도부와 후진타오, 장쩌민 전 주석 등 원로들까지 모두 참석한 가운데 역대 최대규모의 열병식이 열렸다.

70년 전인 1949년, 마오쩌둥毛泽东 주석이 중화인민공화국 성립成立, 건국을 선포한 그 자리를 시 총서기가 대신했고, 시 총서기 양 옆으로 후진타오, 장쩌민 전 서기가 도열했다. 후, 장 두 전직 최고지도자의 직함을 전 총서기라고 예우하고 있는데 국가를 대표하는 주석이 아니라 공산당의 최고지도자인 '총서기'라고 부르는 이유는 무엇일까.

중국 최고지도자의 직함을 부를 때 종종 주석인가, 총서기인가 혼란스러울 때가 종종 있다. '주석인가? 총서기인가?'

시 총서기의 중국을 대표하는 행정수반으로서의 직함은 국가주석이다. 국가주석이라고 해서 중국 공산당의 최고지도자인 '총서기'를 겸직하지 않을 때도 있었다. 마오쩌둥 시대였다. 문화대혁명 발동 직전 마오는 2선으로 물러나서 국가주석을 후계자였던 류샤오치刘少奇에게 물려주고 자신은 중국공산당 최고지도자이자 서열 1위인 '주석'직만 갖고 있기도 했다.

　신중국은 '중국공산당'이 중국이라는 국가의 행정조직, '국무원'을 지도하는 당우위의 국가통치체제를 운영하고 있다. 그래서 국가주석이 대외적으로 중국을 대표하지만 중국 최고지도자는 국가주석이나 국무원 총리가 아니라 중국 공산당 총서기다. 당이 국가의 주요 정책을 결정하고 중국공산당의 최고 의결기구는 전국인민대표회의<sub>전인대</sub>다. 정부기관인 국무원은 당이 결정한 정책을 집행하는 행정조직이자 하부기관이다.

　중국에 가서 중국의 각급 정부나 기관, 혹은 개별 기업과 사업을 하거나 교류협력사업을 진행하다가 운좋게(?) '서기<sub>书记</sub>'를 만나는 경우가 있다. 일반적으로는 기업에서는 '종징리<sub>总经理</sub>(대표이사 회장)'나 '라오반<sub>老板</sub>(사장)' 같은 직함의 명함을 받게 되지만 성·시 등 각급 기관에 가면 성장이나 시장, 부시장도 있지만 서기나 제1서기, 부서기 등의 중국공산당 직함의 명함을 받기도 한다. 이럴 때 정부나 각급 기관의 대표에 대해 '장'자가 붙은 직함을 붙이는 관행에 익숙한 우리는 '서기'에 대해 오해하기 십상이다. 중국의 '서기'는 영어로도 'secretary'로 표기하기 때문에 서기를 실무자로 착각하는 사람도 적지않다. 각급 하위 당지부에서의 최고지도자는 시 총서기처럼 '총서기'가 아니라 그냥 당의 '서기'다. 면적이나 인구가 우리나라보다 더 큰 성<sub>省</sub>급 행정단위에서도 성을 대표하는 최고지도자는 성장<sub>省长</sub>이 아니다. 각급 성에 설치된 중국공산당 성급 지부의 서기다.

퍼레이드(캡처) 후진타오 시진핑 장쩌민 3인 첫 동석

시 총서기를 각급 당 지부 '서기'들의 우두머리 정도로 이해해서도 안된다. 서기는 공산당내 최고의 직책이다. 1921년 상하이에서 열린 중국 공산당 제1차 대회1당회의에서 지도자로 '천두슈陈独秀(진독수)'가 선출되면서 중국 공산당 사상 최초의 '서기'가 탄생했다. 2,3차 대회 때 천 서기의 직책은 '위원장'으로 바뀌었지만 그 이후 중국공산당을 이끄는 최고지도자는 '주석主席'이었다. 마오쩌둥 사후 중국 공산당의 최고지도자의 직함은 총서기로 바뀐 후 지금까지 이어져 내려오고 있다.

중국의 통치체제를 잠깐만이라도 살펴 볼 필요는 있다. 우리나라는 대통령 중심제를 채택하고 있지만 대통령이 집권당 대표를 겸하지는 않는다. 그러나 중국은 공식적으로 중국 공산당이 정부를 지도하는 당 중심 국가다. 따라서 당의 위상은 국무원에 절대적일 수 밖에 없다.

중국공산당을 움직이는 최고의 기구는 '중앙정치국 상무위원회'다. 시 총서기를 비롯한 7인으로 구성된 정치국 상무위원회가 각 부문을 분할해서 총괄한다.

지방정부인 성省 단위에 가면 보다 확실하게 당 우위의 지도체제를 확인할 수 있다. 물론 한국의 시장과 도지사 등 지방정부 지도자가 중국의 지방정부와 협력관계를 맺고자 할 때는 성장이 주로 나서고 있지만 실제로는 중국공산당의 1인자인 '서기' 등 지도자와 관계를 강화해야 하는 이유가 여기에 있다.

 **중국공산당에 입당하려면 …**

중국이 공산당이 지도하는 국가라는 것은 잘 알려진 사실이다. 사실 그동안 우리는 중국에 여행가더라도 중국공산당의 존재를 의식하지 못할 정도로 '자본주의 시장경제화'된 중국의 외피에 가려진 중국공산당 등 중국을 움직이는 실체이자 속살을 들여다보지 못한 것이 사실이다. 특히 '파출소公安局' 등의 관공서 외벽에 휘날리는 붉은 오성홍기중국의 국기와 '인민을 위해 봉사하라爲人民服務'는 마오쩌둥의 구호를 보고서도 그것이 무엇을 의미하는 지 잘 알지 못했다.

그러나 '중국공산당은 신과 같다.(우리에게)보이지 않고 접할 수도 없지만 어디에나 존재한다.
<중국공산당의 비밀(리쳐드 맥그리거저)> 중에서

'신중국' 건국 당시1949년 중국공산당원의 숫자는 448만여 명이었다. 지금2018년 기준 중국공산당 중앙조직부 발표은 9천59만 4천명이다. 중국 총인구 14억여 명 중 약 6.5%가 당원인 거대조직이다. 장쩌민江澤民 전 총서기 집권 이전에는 지식인과 자본가들의 입당이 엄격하게 제한돼 있었다. 2002년 열린 '16중 대회'에서 '자본가'들의 공산당 입

당을 허용하면서 개혁개방이후 부를 축적하면서 상류층이 된 '자산가'들의 입당이 급증했다.

경영권을 포기하고 회장직을 내놓은 알리바바 창업자 마윈马云 회장도 공산당원이라는 사실이 드러났다.

중국공산당의 힘은 우리나라 거대정당인 '더불어민주당'이나 '미래통합당' 등의 정당과는 차원을 달리한다. 중국공산당은 정치적 결사체가 아니라 국가통치체제로서 '무소불위'이자 당의 권위는 절대적이다. 그래서 중국공산당 입당은 여간 까다롭지 않다. 연간 400만 명 정도가 입당을 희망하지만 정작 10만여 명만이 단번에 입당하는 영예를 맛볼 수 있다.

물론 요즘 시대엔 10~20대 등 일부 중국인들은 공산당원이 누리는 특혜보다 의무가 더 많은 중국공산당 입당에 별다른 관심을 두지 않는다고도 한다. 그렇다면 많은 중국인이 '기를 쓰고' 입당하려고 하는 이유는 무엇일까? 정말로 당원이 누리는 특혜는 사라진 것인가? 입당하면. 유무형의 여러 특혜가 있는 것은 아닐까?

탕루이런汤瑞仁(1930년생) 여사는 마오쩌둥의 고향 후난성湖南省 샤오산韶山 출신으로 '마오쟈판디엔毛家飯店'이라는 유명 식당의 창업자다. 마오가 고향을 방문할 때마다 마오가 대장정시절에도 매일 먹었던 '홍샤오로우红烧肉'를 직접 요리해주기도 했다. 탕 여사가 창업한 '마오쟈판디엔'은 후난성 최대 요식업체로 성장했다. 그녀는 85세 때인 2014년에야 마침내 중국공산당에 입당하는데 성공했다. 글자

**탕루이런 여사**  중국공산당에 입당

를 쓸 줄도 모르는 문맹인데다 학교 교육도 받지 못한 그녀가 공산당에 입당하는 것은 '하늘의 별따기'보다 어려웠다. 더구나 공산당에 입당하고자 했을때는 이미 70세가 넘은 고령이었다. 당원 자격에 미달한 것이다.

> "나는 교육을 받지 못한 무식한 농민이었다. 그래서 예전에는 그래서 절대로 공산당원이 될 수 없었어. 나는 현재 가정과 사업 두 부문에서 아주 잘하고 있어. 이제 글자도 쓸 줄 알고 그림도 그린다. 공산당에 입당하면 나의 '중국몽中國夢'은 완전히 이뤄지는 것이야."

고향 샤오산에 돌아 온 마오쩌둥. 왼쪽 아이안은 여성이 탕루이런 여사

탕 여사는 샤오산 당지부 서기書記가 직접 보증을 선데다, 입당교육을 열심히 수료한 끝에 마침내 공산당 입당의 꿈을 이뤘다.

이전에는 공산당원이라는 사실을 공개적으로 밝히지 않는 불문율이 있었다. 그러나 요즘 만나는 중국 지인들은 자신이 공산당원이라는 사실을 대놓고(?) 밝히고 있다. 2019년 6월 상하이에 가서 푸단대학에 연수중인 산둥성 공무원을 만난 적이 있다. 이런 저런 이야기를 하다가 '공산당원'이냐고 물었더니 그렇다고 당당하게 대답했다. 윈난성의 한 민가에도 외벽에 '공산당원의 집'이라는 팻말이 자랑스럽게 걸려있었다.

중국 최대 차량공유서비스 업체인 '띠디추싱'은 웨이보를 통해 자사의 공유차량서비스를 이용하면 호출된 기사의 공산당원 여부를 붉은색 중국공산당 뺏지로 표시하겠다는 입장을 밝힌 바 있다. 당에 대한 중국 인민들의 무한한(?)신뢰를 바탕으로 당원인 공유차량기사의 신뢰도를 한층 강화해서 승객을 안심시키겠다는 의도였다. 2018년~2019년 사이에 '띠디' 차량기사가 여성 승객을 성폭행하고 살해한 사건이 발생하는 등 띠디 기사에 대한 불만이 터져나온 바 있었기 때문이다.

하지만 지금 '중국공산당' 이야기를 하다보면 독자들에게는 '철 지난 옛날 이야기를 하는 것'처럼 재미없다고 할 수도 있다. 눈에 보이지 않는다고 중국공산당에 대해서는 굳이 알 필요가 없다는 식의

태도로는 중국을 제대로 이해할 수가 없다.

우리나라에서는 '더불어민주당'이나 '미래한국당', 혹은 '정의당' 과 안철수의 '국민의 당가칭' 등의 정당에 입당하는데 특별한 자격이 필요하지는 않은 것 같다. 각 정당마다 대부분 입당원서를 제출하고 당비를 내면 책임당원이나 권리당원이 될 수 있다. 또한 입당보다는 '탈당'은 더 쉽다. 탈당계를 보내면 그만이다.

중국공산당은 입당이 어려운 만큼, 탈당 역시 마음대로 하지 못한다. '중국공산당 장정'을 살펴보면, 입당자격에는 나이조건이 맞아야 한다. 만 18세 이상의 노동자, 농민, 군인, 지식분자와 기타 혁명분자로서 당의 조직에 참가하기를 원하며, 적극적으로 일할 사람이어야 한다는 조건이 적시돼 있다. 입당을 신청할 때는 2명 이상의 당 간부의 보증이 있어야 한다. 입당신청을 접수해서 소속된 당 지부에 보고가 되면 '예비당원'으로서 1년 동안 자격심사와 검증을 받는다. 공산당에 입당하기 전 청소년기에 '공산주의 청년단공청단'에 가입해서 활동했다고 해서 곧바로 당원이 되는 특혜는 없다. 한 차례 입당이 거부되면 입당 재심사를 받을 수 있지만 기회는 두 번 밖에 없다. 두 차례 심사에서 떨어지면 영원히 입당불가다.

중국공산당이 이처럼 입당을 엄격히 통제하는 것은 당이 주도하는 국가운영시스템에서 다소 능력이 떨어지거나 무능, 부도덕, 부적절한 인사를 무분별하게 받아들였다가는 인민의 신뢰를 떨어뜨리는 원인이 될 수 있다는 점에서 입당 자격심사를 엄격하게 한다. 우리 정부의 청와대가 주도하는 공직인사 검증시스템처럼 입당신청한 사람에 대한 평판도 크게 영향을 미친다.

**공산당원의 집**  윈난성의 한 민가에 붙어있던 공산당원의 집이라는 표식

　기본적인 당원의 자격으로는 당에 대한 충성도와 능력, 도덕성 등 세 가지가 우선적이고 필수적이다. 공산당원이라는 것은 중국에서 최고의 '정치엘리트'로 인증을 받았다는 것을 의미한다. 극히 예외적인 경우를 제외하고는 중국정부국무원의 주요 부장장관급과 고위 관료들은 공산당원이다. 그들은 당의 각급 기관 지부의 서기지도자를 거치면서, 인민에 대한 통제와 지휘능력 및 당에 대한 충성도 등을 계속해서 검증받은 중국의 핵심 정치엘리트다. 당원이 아닌 사람이라면, 중국공산당이 영도하는 중국정부, 즉 국무원의 고위 지도자가 될 자격은 절대로 충족되지 않는다. 매년 초 발표되는 중국 최고의 부자 순위에 꼽히는 '10대~100대 부자' 대부분도 공산당원이라는 것은 무엇을 의미하는 것일까?

당원은 당원으로서 누리는 혜택보다는 당원으로서 당연히 해야 할 의무가 더 많다. 당이 강조하는 당원의 의무 중 으뜸은 '모범의 의무'다. 이는 자신이 속하는 '단위單位(기업 혹은 기관)'에서 타인의 모범이 되어야 한다는 것으로, 공산당원이라는 것을 내세워 부당한 이득을 취하거나 특권을 누리지 않고 비당원보다 뛰어난, 당원으로서의 능력을 보여야 한다.

마오쩌둥의 어록에서 나오는 '인민을 위해 복무하라为人民服务'는 구호처럼 당과 인민을 위해 스스로를 낮추고 먼저 희생하라는 것이다. 당원은 또한 '당비'를 내야하고, 당이 주관하는 행사에는 반드시 참가해야 한다. 자신이 속한 당 지부를 비롯한 각급 당 조직에서 주관하는 주간 및 월간 학습과 교육에도 정당한 사유없이 불참할 경우, 징계를 받게 된다. 무엇보다 당원은 중국공산당의 어느 누구, 또는 어느 기관에라도 자신의 의견을 말하거나 정책을 건의할 수 있다. 당원의 비리를 알고서는 직접 질책하거나 당에 고발할 수도 있다.

반면 부패와 비리혐의로 고발되거나 기소되면, 당원은 비당원인 일반인과 달리 사법당국의 조사에 앞서 '공산당기율위원회'의 엄격한 조사를 먼저 받아야 한다. 당 기율위는 법으로는 처벌할 수 없는 축첩蓄妾 등의 '불륜스캔들'을 타인의 모범을 보여야 한다는 당원의 의무를 위반했다는 등의 죄목으로 당규에 따라 엄격하게 처벌하면서, 출당 등 쌍개 처분을 내리는 등 중국공산당의 도덕성을 강조한다.

중국공산당에 입당하는 것이 중국사회에서 성공과 출세를 보장하는 필요충분조건은 아니다. 그러나 공산당원이 되는 것은 핵심엘리트라는 것을 인증받는 것이며 중국공산당과 직접적인 '꽌시'를 맺고 공산당의 핵심에 진입하는 첫 관문을 통과한 것과 마찬가지다. 당원이 아니라면 자신이 일하는 각급 단위기관에서 승진하기도 어렵고, 중요한 핵심 보직에 올라가는 것은 불가능하다.

중국의 포털사이트 바이두 등에 들어가서 주요 인사들의 경력을 확인하면 몇 년에 입당했는지가 상세하게 기술되어있다. 당원이 되지 않았다면 그들이 지금의 자리에 절대로 올라갈 수 없는 곳이 중국이다. 중국공산당의 최고 권력기구인 정치국 상무위원회에 들어가면 최고지도자들의 특별거주 구역인 중난하이中南海에서 시 총서기의 이웃집에 사는 영광을 누릴 수도 있다.

 **통제사회**

조지오웰의 소설 <1984>에 나오는 '빅브라더'가 현실세계에 실재한다면 어떨까?

실핏줄처럼 거리 곳곳은 물론이고 아파트 등 공동주거시설입구와 집안에도 구석구석 거미줄처럼 배치된 CCTV를 통해 온 국민의 일거수일투족을 감시하는 통제사회.

최첨단 '안면인식기술'을 적용한 CCTV는 기차를 타려고 역에 나타난 '절도용의자'의 얼굴을 식별해내고는 곧바로 역에 있는 '사복공안'을 통해 즉시 체포한다. 택시를 타고 호텔 앞에 내린 외국인이 무심결에 평소처럼 '무단횡단'을 하자, CCTV는 입국할 때 찍은 사진을 통해 신분을 확인한다. 그는 며칠 후 공항에 나가 출국심사를 받다가 무단횡단에 대한 범칙금통고서를 받았다. 교통흐름에 방해가 되지 않는 선에서 하는 '중국식 교통문화'에 따라 중국인들처럼 길을 건넜을 뿐인데 엄청난 벌금이 부과됐다.

8억 중국인이 사용하는 인터넷은 '만리방화万里防火'라는 철통같은 방화벽을 통해 엄격하게 검열한다. 만리방화는 만리장성과 방화벽의 합성어로 중국이 1998년 '황금방패프로젝트'라는 명목으로 완성

**만리장성** 중국의 인터넷 통제시스템은 만리방화다.

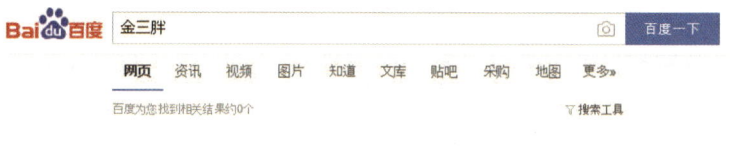

진싼빵 검색불능 화면캡쳐

제3부 | 신중국, 중국공산당 세상　169

시킨 인터넷 감시 및 검열 시스템이다. 사회안정을 해치는 외부 트래픽이나 중국사회에 해악을 끼칠 수도 있는 위험한(?) 사이트와 계정 등을 차단하고 있다. 중국 내에서 유튜브 등 구글의 여러 앱과 사이트 및 '페이스북'과 '인스타그램', '트위터'같은 SNS를 차단하는 역할을 한다. 바이두百度(baidu.com.cn)같은 중국 포털에서 시진핑 주석과 닮았다는 이유로 '곰돌이 푸우'와 북한의 3대 세습을 조롱하는 용어인 '진싼빵金三胖', 톈안먼사태를 가리키는 '6.4' 같은 단어는 검색이 되지 않을 뿐 아니라 아예 차단한다.

소설가 '조지오웰'이 예견한 빅브라더의 세상이 소설 출간 70년이 지난 오늘날 중국에서 재현되고 있다.

세계 2위의 G2 경제대국, 중국은 한국인이 가장 많이 방문하는 국가이자 수입과 수출등 교역액이 미국과 일본을 합친 것보다 많은, 경제적으로 가장 비중있는 나라다. 중국에 여행을 가거나 사업차 중국에 가서 체류할 때, 한국인들이 주로 사용하는 국민메신저 '카카오톡'이 잘 터지지 않거나 '페이스북' '인스타그램' '카카오스토리' 등의 SNS 연결이 불안정하거나 아예 차단되는 바람에 불편하기 짝이 없다고 느끼기 일쑤다. 중국 인터넷 연결속도가 느리거나 인터넷망이 불안정한 탓이 아니다. 중국이 '만리방화벽'을 구동하면서 선택적으로 연결을 차단하기 때문이다. 따라서 구글Google과 연동되는 '구글지도는 물론, '구글 플레이'에 접속할 수도 없다. 중국에서는 안드로이드폰 앱을 구글플레이가 구동되지 않아 바이두baidu.com 등의 중국포털에서 받는다.

**좡룽원** 만리방화를 책임진 중국의 인터넷 차르 좡룽원 주임

 심지어 중국에서는 우리의 서점앱인 '교보문고'에도 접속할 수 없다. 왜냐고? 교보문고가 판매하는 서적 중에서 중국당국이 중국에 유해하다고 지정한 도서가 상당수 있기 때문일 것이다. 그래서 중국에 거주하는 교포들은 중국에서 교보문고에 접속할 때는 VPN을 통해 우회한다. 그렇지 않으면 교보에서 책을 살 수가 없다.

 중국에서 인터넷 검열을 담당하는 곳이 바로 '중앙인터넷안전정보화위원회 판공실'이라는 긴 이름의 기관인데, 최고책임자 좡룽원莊榮文 주임은 인터넷통제를 담당한다는 의미에서 '인터넷 차르'라는 악명높은 별칭을 갖고 있다. 이곳에서는 인터넷 차단과 통제는 물론이고 광범위한 기사와 댓글 검열도 담당한다. 사이트에 '중국 공산당이 판단하기에' 중국과 중국최고지도자를 비방하거나 중국사회에 유해하다고 판단되는 정보는 물론이고 시짱西藏과 신장新疆 등 분리

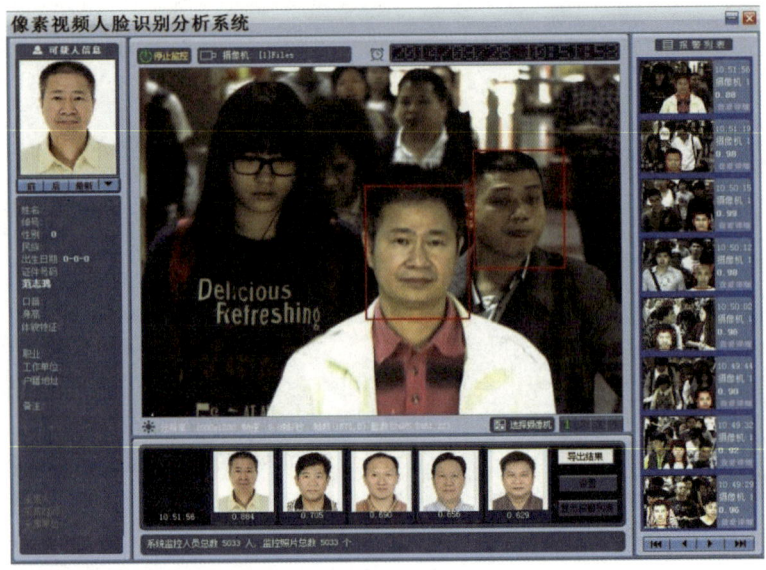

안면인식 시스템 시연 화면 캡쳐

독립 요구가 끊이지 않고 있는 소수민족들의 동향 등 광범위한 정보를 수집하고 검열·통제한다. 중국사이트 뿐 아니라 해외사이트에서의 관련 내용과 글들이 중국누리꾼에 노출되지 않도록 차단하기도 한다.

특히 매년 3월에 열리는 중국공산당의 최대 정치행사인 '전국인민대표회의'와 '정협' 등 양회 등의 정치행사나 국제 행사가 있으면 어김없이 평소보다 강력한 검열과 통제가 시행되곤 한다. 톈안먼天安門 사태 30주년을 전후한 2019년 6월 초에도 인터넷 통제가 아주 강력하게 이뤄진 탓에, 한국 포털사이트 '네이버'와 '다음' 접속불통 상태가 며칠 동안 계속됐다.

최근 들어 중국의 인터넷 차단을 우회하는 '가상사설망VPN' 서비스도 접속이 원활하지 않을 때도 많다. 이전에는 유료 사설VPN을 통해 중국에서도 페이스북 등 차단된 앱에 우회접속할 수 잇었지만 당국이 사설VPN까지 통제에 나서면서 접속불편이 지속되고 있다.

중국의 전방위적인 인터넷 접속 통제는 도청과 도촬, 감청 등의 검열이 전방위적으로이 상시 시행되고 있다는 것을 의미한다. 길거리와 공공장소에 설치된 CCTV는 그 본래의 목적이상으로 사회통제에 더 활용되고 있다. AI인공지능기술을 활용한 세계 최고의 '얼굴인식기술'은 '마오쩌둥의 신중국'을 세계 최초의 '빅브라더'가 통제하는 통제사회로 전환시켜주는 최고의 기술이다.

##  신중국 최고지도자약사略史

중국은 중국공산당이 모든 것을 주도하는 사회라는 것을 알고 있으면서도 우리는 중국을 떠올리면서 '중국공산당'은 전혀 의식하지 않는다. 개혁개방이후 '빛의 속도'로 성장을 거듭하면서 경제적 부를 축적한 중국은 정치에 대한 인민의 참여를 봉쇄하면서 중국 공산당에 대한 라오바이싱의 비판을 한 치도 허용하지 않는데도 말이다.

마오쩌둥 주석의 어록에서 따 온 '인민을 위해 봉사하라为人民服务'는 정치구호를 전면에 내세우면서 실제로는 인민 위에 군림하면서 중국공산당이 영도하는 독재체제를 '중국식 사회주의'라며 합리화하고 있는 베이징 톈안먼에 걸린 마오쩌둥의 초상이 요지부동의 절대적 권위를 갖고 마오毛 중국. '당이 곧 정부이자 국가'인 사회, 신중국 성립건국 이후 마오를 비롯한 중국 최고지도자들의 면면을 살펴보는 것만으로도 신중국의 발전 혹은 변화를 짐작할 수 있지 않을까.

'신중국 건국의 아버지'로 불리는 마오쩌둥毛澤東 주석중국공산당 주석(국가주석 1949~1976)의 임기는 사실상 종신終身이었다. 건국 후 최고지도자가 된 마오는 '대약진운동'의 실패가 초래한 '대기근'사태로 수천만 명의 인민을 굶어죽게 만든, 잇따른 정책실패로 정치적 위기에 몰려 국가주석직을 중국혁명의 동지이자 동향후난성의 류샤오치刘少奇에게 물려줬다. 그러나 류샤오치의 개혁정책이 빛을 발하고 자신의 지도력이 위기에 처하자 그는 '홍위병紅衛兵의 준동'을 통해 '문화대혁명'을 일으켜, 류샤오치를 숙청했다. '같은 하늘 아래 두 명의 주석이 공존할 수는 없었다.' 당시 류샤오치는 국가주석, 자신은 중국공산당 주석을 각각 맡고 있었다. 마오는 끝내 중국공산당의 영도권領導權을 넘겨주지 않았고, 국가주석직은 다시 빼앗았다.

'문혁'으로 권력을 재장악한 마오는 1976년 사망할 때까지 중국공산당 최고지도자 지위를 내려놓지 않았다. 그가 사망한 후 권력의 향배는 한동안 혼란을 겪었다. 마오의 네 번째 부인 '장칭江青'은 마오의 측근들인 왕훙원王洪文과 장춘챠오张春桥, 야오원위안姚文元을 규합, 소위 '4인방'을 구축해서 후계 승계를 획책했으나 덩샤오핑邓小平과 공산당 원로들이 합세 전격 체포하면서 실패로 돌아갔다. 권력의 추는 잠시 마오의 측근이었던 화궈펑華國鋒을 중국공산당 중앙위 주석으로 임명, 과도기를 맡겼다가 덩샤오핑이 최종적으로 장악했다.

마오의 뒤를 이어 실권을 장악한 덩샤오핑은 죽의 장막, 어둠의 시대를 끝내고 중국을 '개혁개방'의 길로 이끌었다. 마오가 신중국을 열었다면, '오늘의 신중국'을 이끄는 데 결정적인 기여한 것은 덩의 개혁개방이었다. 덩은 그러나 주석직을 움켜쥐고 권력의 정점에서 내려오지 않았던 불행했던 마오쩌둥의 전례를 의식, 중국공산당 총서기마오때는 주석 국가주석 등의 공식적인 직책은 일체 맡지 않고 막후에서 실권만 장악했다.

제3부 | 신중국, 중국공산당 세상   175

마오쩌둥

화궈펑

덩샤오핑

그 때 덩을 대신해 전면에 나선 이가 후야오방胡耀邦 총서기였다. 제11, 12대 중국공산당 중앙위 총서기를 맡아 사실상 개혁개방의 전면에 나섰던 후 총서기는 덩샤오핑을 비롯한 당 원로들의 '이선후퇴'를 주장했다. 덩은 1987년 후야오방을 쫓아냈고, 인민해방군 병원에 입원해있던 후 전 총서기는 1989년 4월15일 갑작스럽게 사망했다. 중국인민은 후야오방을 잊지 않았다. 후야오방을 추모하는 인파들이 톈안먼광장에 몰려들기 시작되면서 대중은 개혁개방의 과실을 독차지한 혁명원로들의 2세들인 '홍얼따이红二代'들의 전횡과 부패를 비판하기 시작했다. '1989년의 톈안먼사태'는 그렇게 시작되었다.

후야오방의 후임은 자오쯔양赵紫阳이었다. 대중의 사랑을 듬뿍 받은 자오쯔양은 그러나 톈안먼 사태가 벌어지자 직접 톈안먼 광장에 나가 시위중인 대학생들을 설득하려했다. 톈안먼에서의 학생 시위

후야오방      자오즈양

에 대해 타협없는 초강경 자세를 견지한 덩샤오핑은 "당은 오류가 없다"며 자오쯔양을 문책했다. 그리고는 6월4일 새벽 탱크를 앞세운 인민해방군은 톈안먼광장으로 진입, 수천 명의 시위대를 향해 돌진했다.

  덩샤오핑은 상하이上海 서기 장쩌민江澤民을 자오쯔양의 대타로 전격발탁, '톈안먼사태'의 수습을 맡겼다. 그것이 20년간의 장쩌민 시대를 여는 단초였다.

  장쩌민은 막후에 있는 덩샤오핑을 의식, 집권 초기에는 상하이 서기 출신 답게 경제성장에 집중했다. 자신의 집권2기인 1997년 덩샤오핑 사망을 맞이한 장쩌민은 중국공산당 최고지도자로서 10년 임기를 채운 뒤 후계자수업을 마친 후진타오 시대를 열었다. 후계자에게 최고지도자 위상을 내어준 후 장쩌민은 후진타오 시대 10년 동안 '상하이방'을 통해 막후 정치적 영향력을 절대로 내려놓지 않았다.

장쩌민　　　　　　　　　후진타오

　특히 총서기와 국가주석을 후진타오에게 넘겨줬으면서도 몇 년 동안 인민해방군에 대한 지휘권을 가진 중앙군사위원회 주석을 넘겨주지 않으면서 후진타오의 애를 태웠다.
　후진타오시대 10년 이후 차기권력 구도는 현 시진핑 총서기와 리커창 총리라는 두 정치국 상무위원간의 치열한 경쟁구도였다. 초기에는 후 전 총서기와 같은 공청단공산주의 청년당 출신의 리 총리가 우위에 있는 듯 했으나 상하이방의 지원을 받은 태자당의 선두주자로 나선, 시 총서기가 권력을 승계받았다. 장쩌민이 상하이시 당서기 시절 구축한 인맥은 이후 '상하이방'이라는 정치적 파벌을 형성했고 후 전 서기가 속한 '공청단파공산주의 청년단'와 시 총서기의 '태자당혁명원로들의 자제'과 더불어 중국공산당의 3대 권력축이 되었다.
　중국공산당 최고지도자의 임기는 1회 연임을 통한 10년 체제가 장쩌민 후진타오로 이어진 양대에 걸친 관행이었다. 물론 그 이전의 마오쩌둥과 화궈펑, 후야오방, 자오쯔양그 시기 막후실세는 덩샤오핑으로 이어지는 시기에는 확고하게 확립된 임기가 없었다.

  시 총서기는 첫 번째 5년이 지났지만 여전히 차기 후계구도를 노출시키지 않고 강력한 지도력을 발휘하고 있다. 그래서 시 총서기가 과거 마오시대와 같은 장기집권을 염두에 두고 새로운 권력구도를 열어둔 것 아니냐는 관측이 나돌고 있다.

  시 총서기의 집권2기도 2022년 마무리되지만 아직까지 후계구도는 오리무중이다.

#  중국공산당 일당 독재

중국은 '중국공산당'이 국가를 이끄는 '일당독재' 시스템이라는 것은 잘 알려져있는 사실이다. 중국공산당 최고지도자는 '국가주석'을 겸하고 인민해방군을 지휘하는 중앙군사위원회 주석도 함께 맡고 있다. 중국 최고지도자 시진핑习近平이 보유하고 있는 세 가지 최고 직책이 그것이다.

그런데 중국에는 중국공산당만 있는 것이 아니라 다른 정당들도 존재한다.

중국에는 정당설립이 자유롭지 않다. 쉽게 말해서 기존의 중국공산당과 몇몇 위성정당 외의 정당을 새로 설립하는 것은 불가능하다. 아이러니컬하게도 '양회'를 구성하는 중국인민정치협상회의<sub>약칭 '정협'</sub>는 중국공산당뿐 아니라 여러 정당과 무당파 대표 등 제諸정당이 참여하는 민의수렴기구다. 정협에는 8개 정당이 있는데, 중국국민당혁명위원회, 중국민주동맹, 대만민주자치동맹, 중국민주건국회, 중국민주촉진회, 중국농공민주당, 중국치공당, 구삼학사 등이다. 모두 1949년 신중국 건국 이전에 설립된 제정당으로 신중국 건국 당시 정협에 참여해서 신중국 초기 헌법을 제정하는 등의 역할을 충실히 수행한 중국공산당의 위성정당들이다.

매년 3월말 베이징에서는 최대 정치행사인 '양회兩會'가 열린다. '우한폐렴코로나 19'로 인해 2020년 양회는 일단 코로나와의 전쟁에서 승리한 후로 연기했다. 양회가 3월에 열리지 못하고 연기된 것은 신중국 역사상 처음있는 일이다.

우리나라의 국회격인 '전국인민대표회의전인대'와 '중국인민정치협상회의'가 동시에 열렸다가 폐회한다는 점에서 양회라고 불린다. 전인대는 중국공산당 중앙위원회가 제안하는 주요정책을 추인하는 '최고의결기구'다. 정협은 전인대 개최 며칠 전에 먼저 개막했다가 수렴된 제정파의 여론을 전인대에 전달하고 전인대에 앞서 먼저 폐회한다. 그렇다고 중국의 정협이 '상·하원' 등 양원제兩院制를 채택하고 있는 미국이나 서구의 그것과는 전혀 역할이나 성격이 다르다.

정협은 전인대가 열리기 직전, 제정파政派의 의견을 공식 수렴하는 차원에서 구성된, 중국공산당 주도하의 다당 합작, 즉 '통일전선전술'을 추진하기 위한 전위前衛기구 성격이라고 보면 보다 정확하겠다.

'여러 정파'의 의견을 수렴한다는 것은 중국공산당 외의 다른 정당이 공존하고있다는 뜻이다.

중화인민공화국이 공식적으로 건국成立을 선포한 것은 1949년 10월1일이다. 현재의 정협 모체는 1946년 '중화민국'의 주도정치세력인 장제스蔣介石 총통의 중국국민당 이 주도해서 구성한 '중국정치협상회의'였다. 이 정치협상회의를 통해 국민당과 공산당은 중국내전

**중국정치협상회의 로고**

종식과 통일정부 수립에 합의한 바 있다. 이후 양측은 합의를 깨고 내전에 돌입했다. 국공내전을 통해 장제스의 국민당을 타이완으로 패퇴시키고 중국대륙을 장악한 마오쩌둥의 중국공산당은 1949년 9월, 국민당을 제외한 제 정파를 규합, 제2기 '인민정치협상회의' 제1차 전원회의를 개최했다. 그해 9월 21~23일 베이징에서 열린 회의에서 신중국 헌법이 된 '정치협상회의 공동강령'과 '중화인민공화국 중앙인민정부 조직법' 등을 통과시켰다. 또 베이징을 수도로 정하고 오성홍기를 국기로 제정하는 등 신중국 건국의 산파역을 도맡았다. 중국공산당 주석과 국가주석이라는 최고지도자로 마오쩌둥을 추대하고 지도부 구성도 마무리하는 등 막강한 영향력을 발휘했다. 신중국 초반까지 '전인대'가 구성되지 않는 바람에 1954년 제1기 전인대가 구성되기 전까지 정협은 전인대의 역할까지 겸할 수 밖에 없었다.

이후 정협의 역할은 축소됐다. 정협에 참여하는 제정파는 정협 핵심조직인 전국위원회에 속해있다. 정협 전국위에는 중국 공산당도 물론 들어가 있고 앞에서 언급한 8개 정파 대표 및 무당파 민주인사, 소수민족 대표와 홍콩과 마카오, 타이완 대표, 종교계 대표 등 2천여 명으로 구성된다.

정협 최고지도자인 주석직은 정치국 상무위 서열 4위 왕양汪洋이 맡고 있다.

#  홍위병의 시대

'조국사태2019년'를 겪으면서 한국언론에서는 '홍위병紅衛兵'이라는 표현을 종종 볼 수 있었다. 홍위병은 마오쩌둥毛泽东 시대의 중국을 관통하는 단어다. 그도 그럴 것이 홍위병은 '신중국'의 두 가지 '트라우마' 중 하나로 꼽히는 '문화대혁명'을 발동하기 위해 사용된 주요한 수단이었기 때문이다.

붉은 완장을 차고 다른 한 손에는 손바닥만한 '마오쩌둥 어록'을 든 홍위병 무리들은 전중국에서 톈안먼 광장에 모여들어 '마오주석 만세'를 외쳤고, '사령부를 포격하라'는 마오 주석의 선동구호에 따라 당시 국가주석인 류샤오치刘少奇의 중난하이 자택에 쳐들어가서 류 주석을 공격하고 린치를 가하기도 했다. 류 주석의 부인 왕광메이는 홍위병들에게 끌려나가 탁구공목걸이를 한 채로 인민재판을 당하고 모욕을 당했다.

극단적 광기가 지배하던 시대였다.

붉은 완장을 찬 홍위병들은 닥치는대로 중국공산당의 고위간부와 고위관료, 학자, 지식인 등을 '주자파', 경직된 관료이자 숨어있는 우파라며 끌어내 비판했다. 베이징대와 칭화대 등 중국 최고 대학의 권

**홍위병 천안문 집회**

위있는 교수들도 홍위병들의 타도대상이었다. 홍위병들의 우파잔재 청산은 ''적폐청산'의 원조였다. 기존의 모든 관습마저도 좌파적 시각에서는 수정주의자, 주자파의 잔재였다. 심지어 "교통신호등의 '빨간색'이 정지신호라는 것은 우파들의 사고"라며 "혁명을 상징하는 적신호는 전진을 의미하는 것이어야 한다"며 교통호체계마저 바꿨고 자동차의 우측통행은 '미제국주의자의 유산'이라는 명분으로

**홍위병을 사열하는 마오**

좌측통행으로 바꾸려고 하기까지 했다.

  대학생인 아들은 살아남기 위해 아버지를 고발했고, 교수인 아버지는 학생들 앞에 끌려 나가 집단린치를 당해 사망하는 일도 비일비재했다.

  시진핑习近平 주석도 홍위병이었다. 시 주석 역시 문혁이 발동하던 1966년 14살 중학생으로 "마오쩌둥 주석의 어록을 읽으며 매일 뜬 눈으로 밤을 지새웠다"고 털어놓기도 했다. 문혁기간 시 주석도 곧

바로 대학에 진학하지 못하고 산베이陝北의 농촌으로 하방下方돼 농삿일을 하다가 1975년 만 22세가 되어서야 칭화대清华大에 '공농병'으로 늦깎이 입학을 하게 된다. 하방된 그곳에서 '류샤오치와 덩샤오핑 그리고 자신의 아버지인 시중쉰 전 부총리를 직접 비판해야 했다'고 고백한 바도 있다.

시 주석 뿐 아니라 서열 2위 리커창李克强 총리와 왕치산, 장더장 등 제5세대 중국지도자 대부분이 문혁기간 하방下方된 경험을 갖고 있다.

홍위병의 극단적 파괴와 집단적 광기행위에 대해 마오 주석도 처음에는 말리지 못했다. 그로 인한 혼란과 피해가 극심해지자 마오는 문혁발동 2년여 만인1968년 8월 베이징에서 홍위병 영수들을 불러 호되게 비판했다. 그리고는 인민해방군을 출동시켜 홍위병들을 진압했다. 홍위병에 대한 용도폐기이자 '토사구팽'이었다.

마오는 자신이 세운 신중국 최고지도자의 지위와 위상을 다시 확보했다.

'문화'를 개혁하겠다는 거창한 의미의 '문화대혁명'은 사실 권력2선으로 물러난 최고지도자 마오쩌둥이 자신의 정책노선을 비판하고 개혁정책을 추진하던 '류샤오치'와 덩샤오핑을 비롯한 실용주의 노선의 후계그룹들을 제거하기 위한 고도의 대중선동운동을 통한 친위쿠데타에 불과했다.

'문혁'은 마오쩌둥의 최대 과오이자 인류역사상 최악의 집단적 광기발호이자 문명파괴행위였다는 역사적 평가를 이미 받은 바 있다.

중국지도부는 1976년 마오사후 문혁시대를 폐기하고 덩샤오핑이 실권을 잡아 실용주의노선을 다시 채택, 개혁개방으로 나아갔다.

그러면서 중국공산당은 마오쩌둥에 대해 '過三功七과가 30%이지만 공이 70%'이라는 역사적 평가를 내리고 톈안먼광장에 내걸린 마오쩌둥의 초상화를 내리지 않았다.

21세기 들어 당시 홍위병으로 활약했던 세대들의 회고록들이 발간되기 시작했고 그들은 홍위병시절에 대해 참회하고 숨겨진 이야기들을 고백하기도 했다. 그러나 문혁은 중국에서 제대로 진상규명이 된 적이 단 한 차례도 없으며, 그 시절을 미화하고 그리워하는 시각도 생겨나고 있다. 신홍위병이 꿈틀대는 시대다.

# 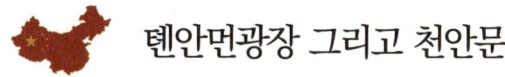 톈안먼광장 그리고 천안문

중국인이 일생에 가장 가고 싶은 곳을 꼽으라면 베이징北京이라고 한다. 베이징에는 '사나이라면 일생동안 한 번은 올라야 하는' 만리장성長城과 황제가 살던 자금성故宮(신중국의 최고지도부가 사는 중난하이中南海)과 마오쩌둥 주석이 신중국 건국을 선포한 톈안먼天安門 광장이 있다. 중국어를 처음 배울 때 접하게 되는 교과서같은 <301구>에도 '不到長城非好漢 장성에 오르지 않으면 사나이가 아니다'이라는 경구가 있을 정도면 중국인이 얼마나 베이징을 사랑하는 지 짐작할 수 있다.

사실 베이징은 중화인민공화국, 즉 '신중국'의 수도로서 새롭게 건설된 도시가 아니라 춘추전국시대의 '연燕'나라의 수도로서 옌징燕京으로 불렸다. 지금 칭따오青島, 쉐화雪花와 더불어 중국 3대 맥주의 하나로 꼽히는 옌징燕京 맥주는 바로 베이징의 옛 이름인 옌징을 차용한 것이다.

톈안먼이 신중국의 상징이자 '랜드마크'가 된 것은 마오쩌둥 주석의 거대한 초상화가 걸려있기 때문이기도 하다. 1976년 마오가 사망하자 중국공산당 지도부는 마오의 공과功過에 대해 내부평가와 논란 끝에 마오의 초상화를 철거하지 않기로 결정했다. 마오시대의 종말과 함께 사라질 뻔한 마오쩌둥의 대형초상화는 그렇게 살아남아

**천안문**

신중국의 상징으로, 또 라오바이싱老百姓의 재물신으로 추앙받으면서, 매년 초 새로 그려져서 새 초상화로 교체되곤 한다.

톈안먼 광장은 '문화대혁명'을 발발한 마오가 수십만의 홍위병들의 집회를 개최한 곳으로도 유명하다. 지방에서 베이징에 상경한 농민이나 억울한 일을 당한 서민들이 하소연을 하는 장소로도 톈안먼 광장은 최적의 장소다. 억울한 일을 상급기관이나 법원 등에 호소하는 것을 중국에서는 '상방'이라고 하는데 주로 농민이나 소수민족들

이 톈안먼 광장에 와서 급속한 개발과정에서 토지를 빼앗기는 등의 억울한 사연에 대해 하소연을 하고 침묵 시위를 하곤 한다. 그래서 톈안먼광장은 경비가 삼엄하다. '사방으로 열린' 광장이지만 들어가는 입구에서부터 검색대를 거쳐야 하고 전국인민대표대회 등의 정치행사가 열릴 때는 살벌할 정도로 광장출입을 제한하기도 한다.

톈안먼 광장의 색다른 볼거리는 일출과 일몰에 벌어지는 중국의 국기인 '오성홍기' 게양과 하강식이다. 어스름 새벽에 거행되는 오성홍기 게양식을 보기위해 새벽부터 수많은 중국인들이 운집한 모습을 보는 것이 내게는 더 장관壯觀이었다.

사실 중국에서 '톈안먼'에 대한 언급자체가 불편할 때가 적지 않다. 바로 1989년 6월 4일 벌어진 '톈안먼사태'에 대한 어두운 기억 때문이다.

마오 사후 덩샤오핑의 지도아래 개혁개방정책을 전면에서 진두지

마오쩌둥이 홍위병을 격려하는 사진

6.4사태 당시 탱크앞을 가로막은 시위대

휘하던 후야오방胡耀邦는 1987년 덩샤오핑 등의 혁명원로들의 완전한 2선후퇴를 추진하다가 갑작스레 실각했고 1989년 4월 15일 사망했다. 학생들이 톈안먼광장에 모여 후 전 총서기 추모에 나서면서 후야오방 추모집회는 어느 새 후 전 총서기에 대한 복권과 민주화를 요구하는 시위사태로 확산되기 시작했다. 개혁개방정책 이후 경제적 불평등 심화와 태자당 등 특권계급의 부정부패 등에 대한 학생과 지식인의 대자보가 나붙으면서 중국공산당에 대한 비판과 민주화요구가 봇물처럼 터져나왔다.

중국공산당 지도부 내에서는 후야오방의 뒤를 이어 총서기를 맡은 자오쯔양 등이 학생시위대와의 대화에 나서는 등 온건론을 펴기도 했지만 배후의 덩샤오핑은 강경한 입장을 고수했다. 100만 명이 넘는 시위대가 6월 초까지 톈안먼광장에 텐트를 치면서 단식농성을 지속하고 있었다. 6월 4일 새벽 인민해방군은 탱크를 앞세워 야음을 틈타 광장에 진입했다. 수천 명의 사상자가 발생하는 유혈사태가 빚어졌고 대대적인 검거작전이 벌어졌다.

당시 시위를 주도했던 대학생과 지식인사회는 (중국 공산당이 지배하는 한) '중국에서 다시는 민주화의 장미꽃이 피지 못하리라'는 깊은 절망감을 느꼈다고 했다.

중국 베이징의 '톈안먼'은 이처럼 복잡한 신중국의 굵직굵직한 역사적 사건들을 모두 지켜보고 품고 있는 신중국의 상징과도 같은 존재다.

2019년 홍콩이 제2의 톈안먼처럼 전개되고 있어 우려스럽다. '송

환법' 사태는 홍콩시민들의 자유를 불편하게 했고 시위대에 밀리지 않겠다는 중국 공산당 지도부의 강경대응자세는 톈안먼 사태와 버금가는 유혈사태도 불사하겠다는 충돌로 이어질 조짐이다. 30년 전에 비해 중국의 힘은 수십배나 더 커졌지만 중국은 전혀 성숙해지지 않았다. 큰일이다.

#  사회주의 신중국은 '공평公平'한가

마오쩌둥의 신중국은 노동자 농민이 주도하는 프롤레타리아 독재, 사회주의 국가를 지향했다.

신중국 건국 70주년을 맞은 중국은 G2 경제대국의 위상을 확보하고 '도광양회'에서 '대국굴기'를 넘어 드디어 덩샤오핑 이래의 '중국몽'을 실현하고자 한다.

그러나 지금의 중국이 마오와 덩샤오핑이 구현하고자 했던 중국몽과는 격차가 크다. 세계 최고의 빈부격차는 신중국 출범 당시 내세웠던 '공평'과는 꽤 거리가 멀다.

2010년 개봉된 장원张文 감독의 영화 '날아라, 총알랑즈탄페이(让子弹飞!)'은 1910년대 중국이 배경이지만 오늘날의 중국을 패러디했다는 점에서 라오바이싱老百姓의 선풍적인 인기를 끌었다. 돈을 주고 마을의 현장 자리를 서서 호위병들과 함께 부임지로 가던 현장일행의 마차를 한 떼의 마적단이 습격해서 현장을 납치해서 마을에 현장으로 부임하는 스토리인데, 장마즈라는 마적두목은 어청이라는 마을에서 마을을 장악하고 있던 토호세력에 대항하면서 마을 주민들에게 일장연설을 한다.

**랑즈탄페이 포스터**

"내가 이곳에 온 이유는 첫째도 공평公平, 둘째도 공평, 셋째도 공평"이라며 '공평'한 세상을 강조했다. 이는 마오가 신중국을 건설하면서 농민 속으로 파고들면서 내세웠던 구호와도 일치한다.

그런데 마오의 그 '공평'은 어디로 간 것일까? 신중국은 공평한 세상과 멀어진 지가 오래다. 모두가 시장경제의 바다에 뛰어들지만下海 벼락부자가 되는 일은 쉽지 않았다. 개혁개방초기 국유기업을 불하받은 소수의 사람들이 '민영기업가个体户'로 성공했지만 그들 대부분은 공산당 간부들이었다. 중국공산당은 2000년대 들어 자본가계급으로 성장한 이들의 입당을 허용했다. 노동자 농민 프롤레타리아 정당인 중국공산당은 이제 자본가들이 주축이 됐다.

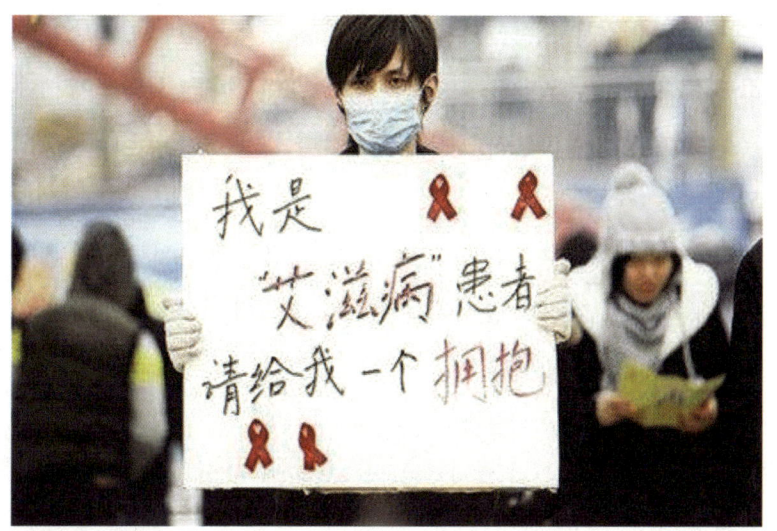
에이즈환자 '프리허그'

중국에서 남녀의 지위는 공식적으로 평등하다. 그래서 우리나라처럼 직업이 '가정주부'인 여성은 찾아볼 수 없다. 그러나 중국 공산당이나 국무원의 고위급 지도자 중에서 여성 비율은 극히 낮다. 중국 혁명원로들의 집안인 '태자당'이 아니면 최고 권력에 접근하기 어렵고, 그들의 친인척들은 국영기업을 좌지우지하는 보이지 않는 손으로 알려져 있다.

수천 년 동안 내려오던 지역 차별 역시 사라지지 않았다.

어느 나라 지역적 특성에 따른 빈부격차가 있고 지역대결양상도 존재한다. 그러나 중국에는 그것보다 더 지독한 지역차별의식이 존재한다. 베이징사람들이 상하이사람들을 '돈만 밝히는' 상인들이라며 무시하면 상하이 사람들이 베이징사람들을 '권력만 탐하는 촌

놈'으로 비아냥대는 것은 애교 수준이다. 우리 동포인 조선족들이 주로 사는 지린과 랴오닝 및 헤이룽쟝 등 둥베이东北 3성 사람들에 대해서는 '시원시원하고 통이 크지만 게으르다'는 부정적 인식이 통용되고 있다.

베이징과 상하이 등 4개 직할시와 22개 성, 5개 자치구, 2개 특별행정구 등으로 이뤄진 중국에서 지역간 특색에 따른 지역차별의식이 없다면 이상할 것이다.

우리가 '신토불이'란 표현으로 지역특색과 그 지역사람을 동일시하고 있다면 중국에서는 '이팡쉐이투 양이팡런一方水土 養一方人(한 지방의 풍토는 그 지방의 사람을 기른다)'이라고 표현한다. 신토불이와 같은 뜻이다.

그런데 지역차별의식은 개혁개방이후 심화되고 있다. 개혁개방이 지역간 경제발전 속도차를 드러내면서 경제적 불평등현상이 커지고 있기 때문일 것이다. 개혁개방 초기 선전과 광저우 및 칭다오 등의 연해지구 경제특구와 상하이와 베이징 등 직할시 위주로 집중되기 시작하면서 빈곤한 내륙지방 사람들이 고향을 떠나 '농민공'으로 이주, 도시의 하층민으로 살기 시작했다. 농민공을 가장 많이 배출한 곳이 바로 허난성河南이었다. 한 때 중원中原의 중심이었던 허난 사람들은 대거 연해도시와 대도시로 몰려갔고, 허난에 대한 이미지는 점점 더 나빠져 갔다.

그런 개혁개방과정에서의 경제적 격차 때문인지, 오래전부터의 지역차별의식 때문인지, 허난성 출신에 대한 중국인의 인식이 나쁘다. 직원모집 공고를 낼 때 '허난 출신은 뽑지 않는다'는 제한을 내걸어 지역차별논란이 공공연하게 일기도 한다. 선전시에서는 2000년대 초반 공안국이 '허난출신 도둑들을 때려잡자'는 내용의 현수막을 내걸었다가 명예훼손 소송을 당해 전국적인 논란거리가 된 적도 있다.

실제로 현재의 중국 공산당 최고지도부라고 할 수 있는 시진핑 총서기와 리커창 총리를 비롯한 栗战书, 汪洋, 王沪宁, 赵乐际, 韩正 7명의 중앙정치국 상무위원 중에서 허난 출신은 단 한 명도 없다. 후진타오 전 총서기 시절이나 장쩌민 시절에도 마찬가지다. 李克强 총리는 허난성 서기 시절, 허난인에 대한 중국인의 부정적 인식을 바꾸기 위해 대대적인 캠페인을 벌인 적이 있을 정도다.

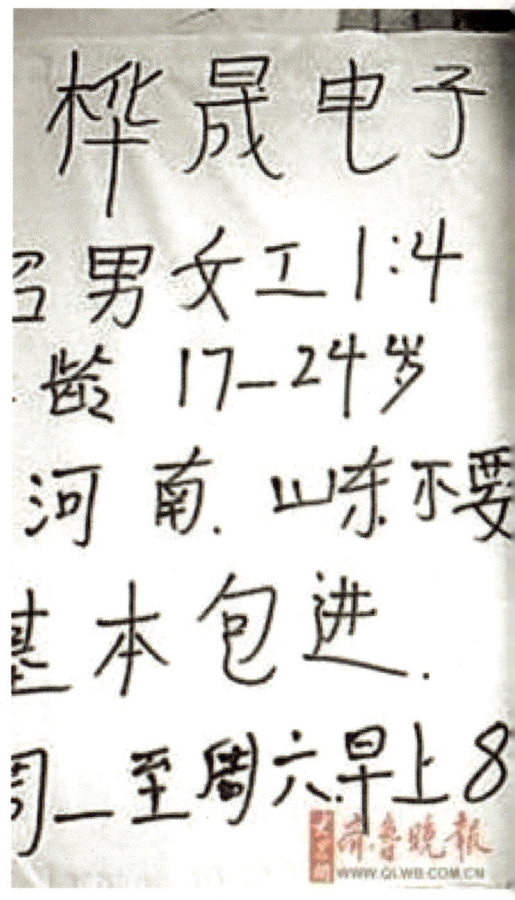

**허난 산동 사절**
한 중소기업 채용공고에서 허난과 산동출신은 뽑지않는다고 공개적으로 밝히고 있다.

##  중국의 파워엘리트, 태자당太子党

중국의 수도 베이징의 자금성 서쪽에는 호수가 있다. 명,청 시대에는 자금성의 정원이었고 지금은 시진핑 주석과 후진타오 전 주석 등 중국 공산당 전·현직 최고지도자들의 관저와 공산당 본부 및 중국 국무원 등이 자리잡고 있다.

중국을 찾는 수많은 사람들이 자금성古宮 관광에 나서지만 바로 왼쪽 편 호숫가에 중국 정치의 심장부가 들어서있다는 사실은 까마득하게 모르고 지나친다. 중난하이와 북쪽으로 이어진 호수는 베이하이北海로 베이하이 공원과 베이징의 관광명소 스차하이什剎海, 징산景山공원 등이 있지만 '중난하이'는 일반인들이 전혀 모르는 비밀의 공간이다.

문화대혁명 발동 초기. 홍위병들이 이곳까지 떼로 몰려들어가서 당시 중국 국가주석이던 류샤오치를 끌어내서 집단린치를 가하기도 했던 역사의 현장이기도 하다.

중난하이에 사는 사람들은 중국 최고의 상류층이자 특권층이다. 시 주석 일가와 전직 최고지도자, 중앙정치국 상무위원들의 집무실과 그들의 가족이 거주하는 집이 있는 곳이 중난하이中南海다. 전직 상무위원급들도 함께 거주하고 있다. 그래서 철저하게 외부와 차단되어 있고 경비가 삼엄하다.

**중난하이 입구**

　중난하이에는 청정지역에서 특별하게 관리되면서 생산된 쌀과 고기 및 채소 생수 등의 생필품이 공급된다. 이들이 공급받는 물자는 신중국 성립직후부터 '터궁特供' 물자로 불렸다. 네이멍구 초원지대에서 방목으로 키운 소고기, 백두산 눈녹인 물로 재배한 쌀, 최고급 푸얼차, 옥룡설산 생수 등이 그것이다. 중난하이에 사는 고위지도자들의 자녀들은 그들만의 학교를 다니고 그들끼리의 학연으로도 맺어져있다.

**중난하이 원경** 시 주석의 집무실과 거주시설이 있고 최고지도부들도 함께 살고 있다.

중국정치의 3대 파벌을 '태자당'과 '공청단중국공산주의청년단', '상하이방幇'으로 나누고 있는데 현 시 주석 등이 속해있는 정파가 바로 태자당이라면 전임 후진타오 전 주석은 공청단, 장쩌민 전 총서기는 상하이방이라고 볼 수 있다. 그리고 보니 중국 정치권력은 상하이방에서 공청단으로 이어서 태자당으로 순차적으로 균점하고 있는 듯이 보이지만 실상은 그렇지 않다. 후진타오에서 시진핑으로 권력이 이양될 때, 초기에는 공청단 출신 리커창李克强 총리가 유력해보였다. 그러나 상하이방 방주인 장 전 총서기의 도움을 받은 태자당 시 주석이 권력을 잡기에 이르렀다. 장 전 총서기를 비롯한 상하이방은 상하이 당서기 출신인 그와 함께 일을 한 인연이 있거나 저장, 장시성 등 상하이 주변 출신인사, 장 전 총서기가 임명한 고위인사들을 가리킨다.

그렇다면 태자당은 말 그대로 혁명원로나 중국공산당 간부의 자제나 친인척 집단이다. 즉 중국혁명의 주역들인 마오쩌둥, 덩샤오핑, 류샤오치 등 혁명원로의 자제, 가족이거나 공산당 최고위급 간부들의 자녀 및 그들과의 혼인을 통해 맺어진 인사들인 셈이다. 태자당 출신들이 강력한 정치집단으로 등장하게 된 것은 1980년대 초반, 문화대혁명 때 숙청됐다가 복권된 혁명원로들의 자제들에게 특혜를 준데다, 홍색紅色 가문의 2세들은 '믿을 수 있는 피'라는 집단의식이 작용한 때문이다.

이들 태자당은 1세대에서 3세대까지 나눌 수 있는데 당·정·군 및 국유기업 등에 4,000여명이 포진하고 있다. 혁명 1세대들이 거의 사망한 데 이어 태자당 1세대는 리펑 전 총리와 장쩌민 등을 꼽는다. 상하이방의 태두인 장 전 총서기는 중국혁명투쟁중 사망해 '혁명열사'로 불리는 숙부 장상칭江上靑의 양자라는 점에서 태자당 1세대로 분류하기도 한다. 따라서 편의상 태자당과 상하이방, 공청단이라는 파벌은 사람에 따라 중첩되기도 하고 향후 역학구도가 변화할 수도 있다.

태자당 2세대는 장쩌민시대 2인자로 불리기도 한 쩡칭홍曾慶红 전 중앙정치국 상무위원, 위정성 전 상무위원, 류옌둥 천위안陳元, 왕치산 등 문혁 이전에 대학을 졸업한 세대를 가리킨다.

이들 태자당이 장쩌민에 이어 후진타오를 거쳐 시진핑 시대를 맞아 권력전반에 걸쳐 세력을 확장하고 있다. 시중쉰 전 국무원 부총리의 아들인 시 주석이 태자당 3세대의 핵심인물이 됐다. 리위안차오李源潮 전 국가부주석, 보시라이 전 충칭시 서기, 류위안刘源 류샤오치 전 주석의 아들 등이다.

이제 명실상부한 태자당 전성시대다. 태자당세력이 당정청 정부기관 기업 및 문화계에 까지 전방위로 포진하고 있다.

'태자당'이라는 집단이 처음 등장한 80년대 초반부터 그들은 라오바이싱老百姓과는 유리된 특권층이었다. 1989년 6.4 톈안먼사태 당시 대학생들이 내건 주요 요구조건 중 하나가 태자당의 비리척결이었다는 점을 상기할 필요가 있다.

# 공산주의청년단의 퇴조?

중국공산당의 당원은 2018년 말 9천만 명을 돌파했다. 매년 300-400만 명의 당원이 증가한다. 이같은 증가세를 감안하면 2022년에는 1억 명에 이를 것으로 전망된다. 14억 여명에 이르는 전체 인구의 6.4%가 공산당원인 셈이다. 여기에 14세~28세의 청년들이 가입하는 중국공산당청년단원공청단의 숫자도 2018년 말 8천만 명을 넘었다. 증가세는 엇비슷하다.

공청단은 중국 정치의 3대 세력 중 하나로 꼽히는 파벌로 시진핑 주석 직전 중국공산당의 최고지도자였던 후진타오 전 총서기의 지지기반이었다. 초대 공청단 중앙서기처 제1서기를 역임한 후야오방 胡耀邦 전 총서기 시절, 공청단 출신 젊은 인재들이 대거 당·정·군의 핵심요직에 진출했다. 그러나 그가 덩샤오핑에 의해 실각하고 사망한 직후 1989년 톈안먼 사태 발발로 장쩌민 상하이 서기가 당 총서기에 깜짝 발탁되면서 '상하이방'이 탄생하자 한동안 공청단 출신은 기를 펴지 못하기도 했다. 상하이에서 장쩌민과 함께 일한 인사들이 대거 중앙무대로 올라갔다. 그들이 소위 '상하이방'이라는 파벌로 불리게 된다.

공청단 로고    공청단 어린이 모습

중국공산당과 중국공청단은 불가분의 관계다. 청소년 시절에는 공청단에 입단, 공산당원으로서의 자질을 함양하고 인증과 심사를 받은 후 중국공산당에 입당한다. 공청단 출신이라고 해서 모두 공산당원이 쉽게 되는 것은 아니다. 엄격한 자격심사를 통과해야 한다.

중국정치를 주도하는 3대 파벌로 편의상 '태자당'과 '상하이방', '공청단' 등으로 나누고 있다. 그렇지만 공청단 경력이 있다고 해서 모두 '공청단파團派라고도 한다'가 되는 것은 아니다. '태자당'에 속하기도 하고 '상하이방'이 되기도 하듯이 최고지도자의 향배에 따라 중첩되거나 바뀌기도 한다. 시 총시기 체제의 19대 중앙정치국 상무위원이 된 리잔수栗戰書 전인대 상무위원장은 공청단 경력이 있어도 산둥성 부성장 리짜이원의 종손자로, 태자당으로 분류된다. 후진타오 시대의 실력자 쩡칭훙 전 상무위원은 상하이방의 거두지만 태자당에 속하기도 한다.

제18기 정치국 상무위원이던 류원산과 장더장, 장가오리 등도 지방 공청단 서기 경력을 갖고 있었자만 장쩌민 전 총서기 의해 발탁된 인사라는 점에서 '상하이방'으로 간주된다. 한정 역시 공청단 경력이 있지만 상하이방이다. 정치국 상무위원 등 공산당 핵심요직을 지낸 지도자급 인사들의 자제나 친인척들은 공청단활동을 했다 하더라도 태자당이다.

따라서 시진핑 체제가 강화된 지금 시점에서 파벌간 권력투쟁이나 특정 정파의 득세나 약화를 주장하는 데에 동의하기 어렵다. 후진타오나 장쩌민 체제에 비해 시진핑 체제에서 당 총서기의 위상과 권한이 훨씬 더 강화된 것은 사실이지만 그렇다고 1인 독재나 황제체제라고 하기보다는 공산당 중앙정치국 상무위원회라는 집단지도체제 방식이 여전히 정상적으로 작동하고 있기 때문이다.

2017년 출범한 제19기 공산당 중앙정치국 상무위원회 7명의 면면을 보면, 공청단파는 리커창 총리 1인 밖에 없다. 리 상무위원장, 왕양王洋 정협 주석, 왕후닝王滬寧 중앙서기처 서기, 자오러지趙樂際 중앙기율검사위 서기, 한정韓正 상무부총리 등은 태자당이나 상하이방이다.

세력구도로는 태자당과 상하이방의 합종연횡과 공청단 퇴조로 볼 수 있지만 시진핑 체제 강화로 보는 것이 맞다.

다른 측면에서는 상무위원 중 다수가 청소년시절에 공청단 활동을 활발히 하고 공산당에 입당해 경력을 쌓아왔다는 점에서 공청단의 퇴조라고 볼 수만은 없다는 지적도 제기된다.

공청단의 대표주자였던 후진타오 퇴임 이후 공청단 제1서기 출신의 링지화의 몰락 등이 대외적으로는 공청단의 약화로 해석됐다. 그러나 여전히 8천만 여명에 이르는 공청단원의 숫자, 리커창 총리의 건재 등은 중국정치의 향배를 파벌간 대립구도로만 볼 수 없게 만들고 있다.

베이징의 한인촌이 있는 왕징 부근에 가면 '북경청년정치학원'이 있다. 이 학원은 공청단 직속 대학으로 부속된 어학기관에서 중국어 어학연수를 하는 한국유학생 사이에서 꽤 인기가 있었다. 이 학원이 2017년 1월부터 중국사회과학원 소속으로 변경되면서 '중국사회과학원대학'이 설립됐다. 이 대학에서 '청년정치학원'이라는 이름이 빠지면서 공청단 색채가 사라지자 공청단이 약화된 것 이라는 분석 보도도 나왔다. 그러나 청년정치학원은 일부 학부과정을 사회과학원에 이관했지만 학원이 폐교된 것이 아니라 여전히 일부 학부과정과 석·박사 과정을 운영하고 있다.

#  당국의 발표를 믿지 않는다?

시시각각 들려오는 중국 우한폐렴변종코로나바이러스과 관련한 소식이 설날연휴를 긴장시켰다. 중국포털 바이두를 비롯한 중국 앱app은 우한폐렴에 대응하는 중국 성·시와 각급 당국의 공식발표와 통계치를 실시간으로 쏟아냈다.

시진핑习近平 총서기가 처음으로 중앙정치국 상무위를 소집, 우한폐렴대응영도소조를 직속으로 설치하겠다는 긴급 뉴스에서부터 리장丽江 고성 등 중국내 주요 관광지들을 한시적으로 문을 닫거나 각 성의 위생국에서 발표하는 우한폐렴 확진자 및 사망자 숫자, 베이징을 오가던 주요도시간 시외고속버스노선의 운행정지, 열차 운행정지 소식 등이 그것이다.

중국 친구들이 포진한 '위챗'에서도 실시간으로 우한은 물론 후베이성과 인근 성까지 봉쇄되었다든가, 이제 곧 베이징도 출입이 막힐 것이라는 봉쇄령 등 확인되지 않은 소식 등이 쏟아졌다.

중국내에서는 보기 힘든 '유튜브'에서는 CCTV에 담긴 폐렴환자들이 속속 쓰러지는 우한시내 풍경을 재난 블록버스터의 한 장면처럼 전했다. 이처럼 연인원 30억이 이동하는 중국 최대 명절 춘절연휴는 얼룩지고 있었다.

2020년 1월26일 중국 보건당국이 발표한 신종코로나바이러스 감염 확진자는 2,000여명에 미치지 못하는 수준이었고 사망자수도 50여명에 그쳤다. 다음날인 27일 오전에는 3천여 명에 이르렀지만 중국인들의 체감과는 크게 멀었다. 중국인들은 당국의 발표보다 최소한 2~3배, 심지어 10~100배까지 더 추정한다.

시 총서기의 표정에서도 위기는 드러났다. '우한武汉 봉쇄령'이 내려진 23일, 하루 앞서 윈난을 찾아 새해덕담을 건네는 여유있는 모습을 방송을 통해 내보였던 시 총서기는. 그러나 춘절인 25일 정치국 상무위를 열어 '영도소조'를 구성, 직접 챙기고 나섰다. 이는 바이러스의 전파속도를 지방에 맡겨놓기에는 이미 통제불능으로 치닫고 있다는 것을 시사하고 있다. 우한만 봉쇄하면 통제할 수 있을 것으로 내다본 초기대응에 문제가 있었다는 것이다. 그래선가 속속 삭제되기는 해도 중국sns에서도 우한시장과 후베이성장 등을 처벌하라는 목소리가 높아지고 있었다.

우한을 봉쇄하기 전에 이미 수많은 사람들이 우한을 빠져나가 다른 도시로 코로나바이러스를 전파,확산시키는 주범역할을 하고 있었기 때문이다. 당국 스스로도 500만 명이 우한을 빠져나갔다고 밝혔다. 그들이 바이러스를 퍼뜨리는 숙주역할을 하게 될 지도 모르는 일이다.

코로나와의 전쟁에서 승리를 선언한 후에도 노심초사 수도 베이징으로의 전파를 우려하면서 노심초사하고 있던 6월11일. 베이징 남쪽 펑타이구의 신파디新发地농수산도매시장에서 40여 명의 코로나 확진자가 속출하면서 베이징에 코로나경보가 발령됐다. 당국의

| 疫情动态 | 迁徙地图 | 全民热搜 | 实时播报 |

更新至 2020.02.21 21:01　　　　　　　　　　　　　　　　　数据说明

| 现有确诊 | 现有疑似 | 现有重症 |
| --- | --- | --- |
| 54665 | 5206 | 11633 |
| 昨日 -1335 | 昨日 +1614 | 昨日 -231 |
| 累计确诊 | 累计治愈 | 累计死亡 |
| 75571 | 18667 | 2239 |
| 昨日 +892 | 昨日 +2109 | 昨日 +118 |

| 现有确诊 | 累计确诊 |

当前现有确诊病例数，排除治愈、死亡

地区：湖北
确诊：48663

≥10000
1000-9999
100-999
10-99
1-9

코로나바이러스 확진자 현황 그래프

제3부 | 신중국, 중국공산당 세상　211

문책인사도 신속했다. 곧바로 신파디시장의 사장과 펑타이구 부구청장 및 이 지역 당서기까지 모두 면직 처분됐다.

코로나사태가 잘 마무리되는 줄 알았는데, 베이징에서 코로나사태가 확산됨에 따라 불똥이 어디로 튈 지는 누구도 알 수 없다. 중국공산당 최고지도부내에서 희생양이 필요한 상황이 닥칠지도 모르겠다. 현재 국무원총리인 리커창李克强이 폐렴대응을 책임지고 있다.

2002년 발병한 사스SARS때는 거짓 정보를 제시하면서 초기대응에 실패한 위생부장보건복지부장관과 베이징시장이 희생양이었다. 이때 베이징까지 사스감염자가 속출하면서 시민들의 불안이 고조되자, 당시 당국자는 베이징 감염자는 13명에 불과하다며 걱정하지 말 것을 당부했다. 그러나 베이징시민들은 당국의 발표를 믿지 않았다.

결국 150여명의 감염자를 치료하고 있던 한 군병원의 의사가 '당국의 발표는 거짓'이라며 폭로하면서 당국의 발표는 엉터리라는 사실이 백일하에 드러났다. 당시 중국최고지도자였던 후진타오 국가주석은 장원캉張文康 위생부장과 멍쉐농孟学农 베이징시장을 즉각 경질했다. 멍 시장은 후진타오 총서기와 같은 공청단 출신으로 후의 총애를 받던 젊은 지도자였으나 이후 산시山西성장으로 갔다가 탄광사고의 책임을 지고 다시 물러났고 정치적으로 재기하지 못했다.

사태가 심각해지자 베이징까지 봉쇄한다는 소문이 나돌았다. 사재기 조짐도 곳곳에서 나타났다. 그러자 베이징시 교통위가 직접 나서 베이징은 봉쇄되지도 않았고 봉쇄하지도 않을 것이라는 이례적

우한찌아요우

인 발표를 하기도 했다.

  그런데 이 발표가 나자마자 하룻만에 베이징시내의 식료품점은 텅텅 비었다. 당국발표와는 반대로 믿기 시작한 것이다. 곧 봉쇄될 것이라는 믿음이 사재기에 나서게 만든 것이다. 봉쇄령이 내려진 우한 시내에서는 생필품이 동난 지 오래지만 대중교통이 끊기면서 채소 등의 생필품 공급도 원활하지 않았다.

  '당국의 발표를 믿으면 바보가 된다'는 것을 중국인들은 체험적으로 알고 있다. 심지어 일기예보와 교통사고 뉴스 등에 대해서도 반신반의하는 것을 중국친구들을 통해 여러 번 봤다. 영하 10℃ 이하의 강추위나 섭씨 35℃ 이상의 무더위 예보가 나오면 실제로는 예보보다 더 춥거나 더울 것이라고 짐작하고 대형교통사고가 나도 희생자숫자를 줄여서 발표하다고 믿는 사람이 있다.

  중국사회를 이끄는 중국공산당은 모든 정보를 독점하고 통제하고 있다. 중국의 '라오바이싱老百姓'은 그것을 체험적으로 잘 알고 있다. 그러나 어쩌랴, 공산당원은 1억 명에 이르고 있다.

# 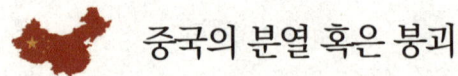 중국의 분열 혹은 붕괴

중국의 분열과 붕괴는 서방에서 늘 제기해 온 문제다. 중국내에서 신장과 티벳 등에서 분리독립 시위나 폭력시위가 발생하거나 중국 지도체제의 변화가 노출되면 서방언론은 어김없이 중국 정치국 상무위원회 등 지도부의 분열가능성과 최고지도자의 위상변화 여부에 촉각을 곤두세우곤 했다.

우한폐렴으로 시작된 코로나19 사태가 확산되고 중국 정부가 제대로 대응을 하지 못하면서 중국인민의 불안감이 증폭되고, 확산세를 잡지 못하자 어김없이 다시 시진핑 체제의 불안으로 화살이 집중됐다. '통제사회' 중국에서 최고지도자에 대한 비판과 비난이 공개적으로 터져 나온다는 것은 평상시에는 상상도 하지 못할 중대사건이 아닐 수 없다. 중국지도부로서도 위기감을 느낄만한 사안일 것이다. 국제사회도 세계 2위 경제대국 중국의 코로나19 위기 대응 능력에 대해 의문을 갖고 있는 상황이다. 덩치만 컸지 전염병에 대한 국가적 대응능력은 18년 전 사스 때와 달라진 것이 없다는 비판을 받아도 마땅할 정도로 우한폐렴은 우한과 후베이성을 넘어 전중국으로 확산됐고 전 세계로 퍼져나가 유례없는 팬더믹을 초래했다.

6월 15일 현재까지 중국내 코로나바이러스 누적 확진자는 8만

중국경제 연착륙 가능 삽화

4,778명, 사망자는 4천645명에 이른다. 4월말 이후에는 중국내 확진자는 한 자릿수를 유지하는 등 중국은 한동안 코로나방역이 안정적인 것 처럼 보였다. 그러나 이 기간동안 전 세계는 중국발 코로나로 몸살을 앓았다.

그런데도 중국 최고지도자는 "중국의 방역노력이 전 세계에 큰 공헌을 했다"며 자화자찬하자 중국내에서는 물론 전 세계의 조롱이 쏟아졌다. "신종코로나 바이러스에 대한 중국의 강력한 조치는 중국인민의 건강을 책임지는 것일뿐 아니라 세계의 공공안전에 대한 거대한 공헌"이라는 시 총서기의 발언이 알려지자, 이 바이러스로 가족을 잃고 고통을 당하고 있는 우한시민들이 강한 거부감을 표시하는 가 하면 반체제 지식인들과 교수들이 목숨을 걸고 시 총서기를 정조준 비난대열에 나섰다.

쉬장룬许章润 칭화대淸华대 법대 교수는 소셜미디어에 '분노하는 인민은 더 이상 두렵지 않다'는 제목의 글을 올리고 "(시 총서기의) 폭정 하에 정치체제는 붕괴됐다. 30년 넘는 기간 동안 구축돼 온 관료통치체제도 난맥상에 빠졌다"며 시 총서기와 중국공산당 지도부를 이번 사태의 책임자로 지목했다. 다른 반체제 인사도 시 총서기의 퇴진을 직접 요구하는 주장의 기고문을 발표했다.

이런 지식인들의 잇따른 비판은 중국내에서 시 총서기와 중국공산당의 지도력에 대한 회의와 반감을 고조시키고 있는 것이 사실이다. 체제비판과 최고 지도자에 대한 비난이 엄격하게 통제되고 있는 사회에서 이와 같은 글이 즉시 대중에 공개되고 알려지는 것도 중국사회가 예전보다는 체제와 최고지도자 비판에 여지를 열어두고 성숙해졌다는 반증으로 볼 수도 있다.

우한폐렴 발병 초기 '사스가 재발했다'며 주변 동료들에게 단체톡방에서 고지했다가 당국에 불려가서 경고를 받은 우한의 안과의사 리원량李文亮이 결국 환자치료에 나섰다가 우한폐렴에 걸려 숨지자 그를 영웅으로 추모하는 중국내 분위기도 확산되고 있다. 여론이 심상치 찮자 중국은 이 사태의 진상을 조사하겠다며 직접 중앙에서 감찰단을 보내 지방당간부들을 대거 조사하고 경질했다. 우한지역 당간부들에 대한 대대적인 감찰과 징계를 통해 당 중앙, 즉 시 총서기로 향하는 책임론을 무마시키겠다는 의도가 엿보이는 선제 조치다.

우한폐렴사태 뿐 아니라 미국과의 무역전쟁에서도 시 총서기는 괄목할만한 승리를 거두지 못했고 사실상 두손을 들었다. '스트롱

**티벳 라싸의 포탈라궁**
분리독립운동이 벌어지고 있는 티벳에 가기위해서는 미리 여행허가증을 받아야 한다.

맨' 트럼프 대통령과의 힘겨루기에서 중국인민들이 보기에도, 힘에 부쳐 항복선언을 한 것 아니냐는 시각이 팽배하다.

신장웨이우얼족자치구新疆维吾尔族와 시짱西藏(티벳)장족藏族자치구의 분리독립 움직임도 중국의 분열을 부추길 수 있는 또다른 잠재적 위험요인으로 지적되고 있다. 사실 중국지도부가 두려워하는 것은 경제위축이다. 개혁개방이후 중국은 지난 20년 동안 연평균 9% 이상의 경제성장률로 세계경제를 이끌어왔고 G2로 올라선 최근에도 6%

대의 고도성장률을 유지해왔다. 두 바퀴로 굴러가는 자전거는 절대로 넘어가지 않는다. 그러나 속도를 줄이거나 멈춰설 경우, 자전거는 어느 한쪽으로 기울어져 넘어질 수밖에 없다.

그러나 언급한 소수민족의 분리독립움직임과 극심한 빈부격차 그리고 중국공산당 지도부간의 불협화음 등이 앞으로 달려가는 중국열차의 발목을 잡을 수는 있겠지만 중국의 분열과 붕괴로 이어질만한 강력한 동력은 아직까지 되지 못했다. 민주화에 대한 중국인민의 욕구도 1989년 톈안먼사태의 좌절로 인해 중국사회에서 그다지 높지 않다. 시 총서기가 장악한 중국공산당 지도부의 내부분열도 상상하기 어렵다.

'중국의 분열'은 당분간 어느 누군가의 실현가능성이 희박한 희망사항인 것 같다.

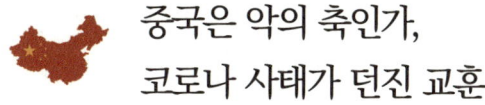
# 중국은 악의 축인가, 코로나 사태가 던진 교훈

코로나 이후의 중국은 이전의 중국과 달라질 것인가?

'개혁개방'이래 중국이 가장 어려운 경제상황을 맞게 된 것은 사실이다. 코로나사태로 두달 이상 늦게 연기돼 개막된 정치협상회의와 전국인민대표자회의 등 양회兩會가 열렸지만 리커창 총리는 사상 처음으로 올해 예상되는 경제성장률까지 발표하지 못했다.

문화대혁명 이후 중국은 우한코로나 발원지 우한과 후베이성 출신에 대한 차별을 하나 추가했다. 우한과 후베이 사람에 대한 차별은 코로나 이후 드러난 새로운 풍조로 중국사회를 이간질 시킬 수도 있는 변수의 하나로 등장했다. 나와 가족의 안전을 위해서라면 중국사회를 이루는 주요 구성원 중의 하나인 다른 지역 출신을 모조리 배척하고 희생양으로 삼을 수 있다는 것을 중국인들은 노골적으로 노출했다.

후베이湖北 출신 이웃이 사는 아파트를 봉쇄하고 자신들이 사는 아파트에 외지인과 외부인 출입을 가로막는가 하면, 방역당국이나 공안의 공식적인 차단조치가 없는데도 이웃주민을 코로나발생발원지 출신이라는 이유로, 이웃나라 한국에서 온 외국인이라는 이유로 출입을 가로막고 현관문에다 대못질을 하는 사례도 비일비재하게 발생했다. 그것은 문화대혁명 시대에나 있을법한 집단적인 충동에 따른 광기와도 다름없었다. 그것은 시민사회가 성숙한 사회에서는 절대로 일어날 수도, 일어나서는 안되는 기본중의 기본이 무너진 것이었다.

'신종코로나바이러스우한폐렴'가 창궐하면서 한국에서도 코로나발원지인 중국과 중국인에 대한 혐오와 차별의식이 도를 넘기도 했다. 전염병에 대한 막연한 공포는 식당에서 '중국인출입금지'라는 혐오의식으로 표출됐고 중국 조선족 동포들의 고용을 기피하는가 하면, 정치권에서는 야당 최고위원은 물론 전문가집단인 의사협회마저 '중국인의 입국금지'를 공공연하게 요구하고 나서는 등 집단적 히스테리 양상으로 번지기도 했다.

언론에서는 이번 신종코로나바이러스 사태가 초기 감염정보를 축소·은폐하는 바람에 지금의 팬더믹을 초래했다며 이는 '중국공산당의 책임'이라고 지적하면서 시진핑 체제가 총체적 위기에 처해있다는 식으로 모는 보도물을 연달아 내놓았다. 그러면서 중국공산당이 영도하는 중국이 무너질 수도 있다는 전망을 내놓기도 했다. 1억여 명에 이르는 공산당원이 '세포처럼' 포진해 있는 중국이 쉽게 무너질 수도 있다고 예단하는 것은 중국을 몰라도 너무 모른다는 지적을 받아도 싸다.

이번 사태 전까지만 해도 미국과 맞서 싸우며 초강대국 반열에 오르려던 '슈퍼차이나' 중국의 기세에 주목하던 언론이 '만리방화'라는 검열과 통제시스템으로 전 국민을 통제하는 통제사회의 어두운 면에 거듭 주목하고 나서는 것은 중국사회의 개방과 민주화에 나쁘지 않을 것이다. 베이징대와 칭화대 등 중국의 유수대학 교수 등 지식인들이 웨이보 등에 잇달아 언론의 자유를 지적하면서 '목숨을 걸고' 체제비판대열에 나서기도 했다.

전염병에 대한 공포로 패닉 상태에 빠진 중국인들이 시진핑 주석을 비롯한 중국공산당 지도부에 대해 공공연하게 불만을 표출하는 것은 당연한 일이다. 확진자가 8만 명을 넘어서고 사망자가 5천여 명에 육박하면서 봉쇄와 통제에 익숙한 중국인들마저 일상을 위협받았다. 도시는 봉쇄되었고 성省과 성省을 넘나드는 여행의 자유도 사라졌다. 심지어 한 때 수도 베이징을 비롯한 대도시에서는 식당에서 3인 이상 함께 식사하는 것조차 금지되기도 했다. 사회주의 중국의 감시체계는 '발열' 등 코로나 바이러스 감염 증세가 있는 이웃을 신고하는 사람에게 500위안약 8만5,000원의 포상금을 지급하고 코로나 증세를 자진신고하면 1,000위안17만원을 주겠다는 당국의 '당근책'을 내놓기도 했다.

2020년 춘절설날 당일 중국공산당 중앙정치국 상무위원회를 열어 산하에 '(신종코로나)영도소조' 구성을 지시한 시진핑 주석이 코로나사태 확산이후 모처럼만에 대중에 모습을 드러내는 동시에 중국은 전염병과의 전면적인 전쟁을 선포한 바 있다. 사실상 사스SARS사태이후 18년 만에 전염병의 위기를 맞이한 중국의 국가역량이 시험대에 올랐다.

그러나 사스와 신종코로나사태의 발원이 중국이라고 해서 중국과 중국인을 무차별적인 차별과 혐오의 대상으로 삼는 일은 결코 있어서는 안될 일이다.

인천공항에서 시내로 들어가는 공항철도나 지하철에서 중국어만 들려도 화들짝 놀라 자리를 피한다는 한국의 일부 언론보도나 프랑스 파리의 지하철에 한국 특파원이 타자, 중국인으로 오인해서 멀찌감치 떨어져 앉더라는 기사 등은 대중을 자극한다. 서구인의 코로나 사태에 대한 중국인에 대한 혐오는 아시아인에 대한 인종차별과 다름없다. 우리 역시 '지저분하고 잘 씻지 않고, 위생관념이 부족하다'는 등의 중국인에 대한 그릇된 선입견으로 신종 코로나사태와 관련, 중국 책임론에 몰입하는 것은 그릇된 인식이다.

중국없는 세상을 우리는 아직 겪어보지 못했다. 그러나 중국없이 without made in china(没有中国) 생활하는 것이 힘들어지는 우리나라를 비롯한 전 세계가 중국을 '악의 축'인양 비난하고 매도하는 것이 최선은 아니다. 중국과 중국경제가 어려움에 처하면 우리나라와 우리나라 경제가 더 고통을 받게 된다는 것을 전혀 의식하지 못하는 바보처럼 말이다.

코로나사태가 악화되면서 중국이 '춘절연휴'를 연장하면서까지 코로나사태 확산저지에 나서자 중국내 공장들이 멈췄다. 그러자 올해 초 현대자동차가 야심차게 내놓은 'GV 80' 등의 신차는 중국산 부품조달을 하지 못해 생산라인을 가동하지 못한 채 일주일 이상 공장을 닫아야 하는 사태가 벌어졌다. 결국 중국내 부품공장이 가동되더라도 코로나 확산을 막기위해 봉쇄한 광역 고속도로망 등을 열지 않는다면 부품의 공급이 불가능했다.

코로나사태와 관련, 중국과 중국공산당 지도부를 옹호할 생각은 추호도 없다. 있는 그대로의 중국을 우리의 시각으로 전염병의 위기에 처한 중국을 따뜻한 시선으로 대하면 어떨까. '선과 악'의 흑백논리로 지금까지 경험하지 못한 신종 전염병과 싸우는 이웃나라와의 교역을 봉쇄하고 옆집 불구경하듯이 바라보는 것은 21세기 문명국가가 저지르는 범죄가 될 수도 있다.

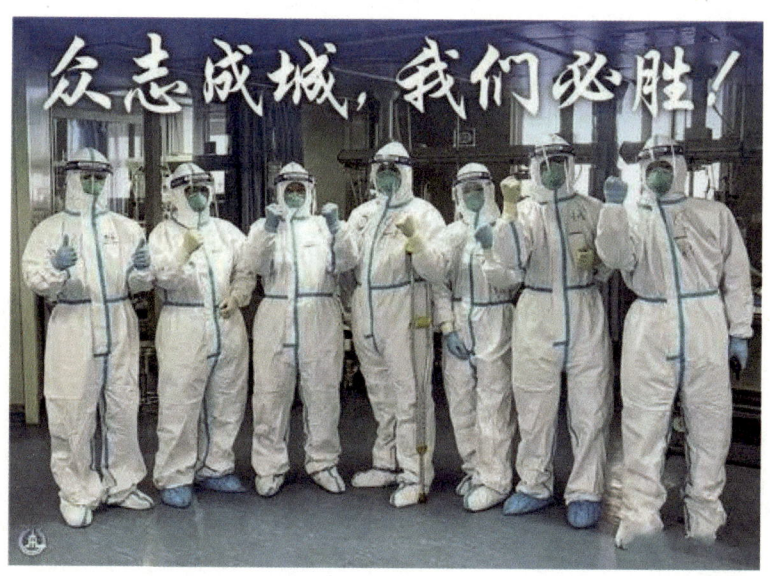

**우한 의료진** '우리는 반드시 이긴다'

에필로그

# 중국이라는 이름의 거짓말

　신중국은 진화하고 있다. 마오쩌둥毛泽东의 시대가 덩샤오핑邓小平과 장쩌민江泽民과 후진타오胡锦涛 시대를 거쳐 시진핑习近平체제로 이어져왔지만 중국공산당이 영도하는 국가지도체제에는 변화가 없었다. 대기근과 문화대혁명이라는 인류역사상 인간이 초래한 최악의 악몽을 겪은 바 있는 신중국에선 '한 시대'가 바뀔 때마다 통과의례처럼 일찍이 경험하지 못한 난리를 겪곤 했다.
　'개혁개방'의 첫 시험대는 1989년 '톈안먼天安门사태'였다. 덩샤오핑은 장쩌민을 무대 전면에 내세우고는 사라졌고 '어둠 속에서 힘을 기르던' 중국은 'WTO가입'을 통해 세계경제에 본격적으로 진입, 미국에 버금가는 경제주체로 활약하게 됐다. 후진타오로의 권력이양기인 2002~2003년 발병한 '사스SARS'사태는 급부상한 중국의 약점을 세상에 드러냈다. 2008 베이징 올림픽은 그런 어수룩한 중국을 강대국으로 인식하는 포장재역할을 톡톡히 해냈다.

　'시진핑 중국'은 중국굴기의 본격화 선언과도 다름없었다. 시 주석은 미국과의 대결 및 충돌도 마다하지 않았고 5G통신장비시장을 장악한 '화웨이 사태'는 미·중 패권다툼의 서막을 장식했다. 식탁에 앉아 주식主食은커녕,

'애피타이저'를 먹기도 전에 드러난 세계 최고라는 중국식만찬의 허술함은, 잘 만들었다고 자부하고 시장에 내놓았지만 막상 시제품은 설익고 바닥은 타고 있는 삼층밥이 내뿜고 있는 중국산 압력밥솥이 풍긴 냄새와도 같았다.

'코로나-19'로 불리는 우한발 폐렴은 이런 중국의 감춰진 속살을 여지없이 까발리고 있다. 효율성을 자랑하는 중국공산당의 관료주의가 빚어낸 통계조작은 확진자가 10만 명이 넘을 것이라는 시중의 소문을 여지없이 반쯤은 확인시켜줄 수 밖에 없게 됐다.

18년 전 베이징시장과 위생부장보건복지부장관을 경질하고서야 30명이 300명으로 사스통계가 바로잡혔듯이, 바이러스의 진원지인 우한시와 후베이성 당서기를 교체하자 확진자수가 하루사이에 1만5,000여명 늘어난 것도 판박이다. 사스 때처럼 코로나사태도 점차 수습국면으로 접어드는 것이 그들이 추진하는 수순이다. 코로나사태도 그렇게 진행될 것이다.

그러나 중국SNS에 올라온 한 장의 사진은 우울한 중국의 현재를 표현하고 있다. 우한 화장장에서 한줌의 재로 사라진 사람들이 남기고 간 휴대폰더미 사진이 그것이다. 효율성과 효용성을 자랑하는 중국의 지도체제가 빚어낸 비극. 개미새끼 한 마리도 잡아낼 수 있다는 촘촘한 CCTV의 감시와 통제를 자랑하는 '빅브라더'가 바이러스같은 보이지 않는 적의 공격에는 속수무책이라는 사실을 여실히 드러낸 것이다.

사진은 우한발發 코로나가 절정에 이르던 2020년 2월 하순, 하루에도 공식적으로 100명이상의 사망자가 속출하던 우한武漢 의 한 장례식장에서 찍혔다. '주인 잃은 휴대폰 더미, 휴대폰 주인은 이미 한 줌의 재로 변했다'는 사진 설명에 가슴이 먹먹해지고 말문이 막혔다.

**휴대폰 더미**

휴대폰 주인들은 며칠 전까지만 해도 가족들과 춘절春節 연휴를 보내며 따뜻한 가족간 정情을 나누던 우리의 이웃들이었다. 그들이 우한이 아니라 다른 지역에 살았더라면, 환자가 집중된 우한이나 후베이湖北가 아닌 다른 곳에서 제 때 적절한 치료를 받았더라면, 버려진 그 휴대폰으로 지금도 가족들과 안부 전화를 나누면서 다음 춘절을 기약하며 일터로 되돌아갔을 것이다.

후베이성 작가협회 전 주석인 소설가 팡팡方方이 써내려 간 2월 13일자 '우한일기'도 이 사진을 언급했다. 팡팡은 의사 친구가 보내준 이 사진에 대해 "내 마음을 부서지게 한 것은 의사 친구가 보내준 한 장의 사진. 요 며칠 동안 나를 더욱 비장함에 휩싸이게 했다. 사진은 장례식장 바닥에 쌓인 주인 잃은 휴대폰더미다. 주인은 이미 모두 한 줌의 재가 돼 버렸다. 무슨 말을 하리오"(팡팡의 일기 중)라고 썼다

하루에도 수천 명이 코로나바이러스 확진자로 변하고, 100여 명이 목숨을 잃는 사투를 벌이고 있는 봉쇄령속에 고립된 우한시민들에게 우리가 할 수 있는 일이라고는 '우한 힘내라武漢加油!'라는 격려 메시지를 전하는 것 외에는 아무것도 없다는 무력감에 마음이 아팠다.

코로나19로 중국 내에서 공식적인 첫 사망자가 발생한 1월 9일부터 전 세계로 확산된 6월까지 중국에서는 8만 5천여 명의 코로나 확진자와 4,700여 명의 공식 사망자가 발생하는 대 참사가 빚어졌다. 우한에서만 4천여 명이 목숨을 잃었다. 이 많은 사람을 코로나바이러스에 노출시켜 죽음에 이르게 한 원인은 무엇일까. '사람 간에는 전염이 되지 않는다'며 코로나바이러스 발병 초기에 '안심하라'는 중국 보건당국의 잘못된 메시지 탓을 하기에는 코로나사태는 전 세계를 코로나이전과 코로나시대로 가를 정도로 가늠할 수 없는 파장을 불러일으켰다.

한마디로 초기 중국의 감염정보 통제와 은폐가 전 세계를 최악의 전염병 유행, 즉 코로나팬더믹 사태로 밀어넣은 것이다. 언젠가는 코로나바이러스도 백신으로 예방하고 치료약을 개발한 인간에 의해 잡히겠지만 '영악한' 바이러스는 진화를 거듭, 변종에 변종을 더해가면서 다시 인간을 공

격할 것이다. 그때도 지금과 같은 시스템으로 대응하다가는 중국뿐 아니라 전 세계와 인류 전체를 위험에 빠뜨리게 될 것이다.

거짓의 제국위에 세워진, '중화제국 재건'이라는 중국몽은 중국 라오바이싱老百姓의 신뢰를 잃어버렸다.

그렇다고 우리가 '신중국'이라고 규정한 중국의 실체는 바뀌지 않는다. 우리는 '중국이라는 이름의' 각종 거짓의 홍수 속에서 중국을 이해하고 있다. 우리가 접촉하는 중국이라는 이름이 붙은 온갖 사물과 추상명사 중에서 무엇이 진짜 중국인지, 가짜 중국인지 알 수가 없었다. 그래서 중국을 떠올리면 '온갖 거짓의 집합체'로 바라보는 게 오히려 더 편해진 것인지도 모르겠다. 우리가 접하는 수입 중국산 농수산물과 공산품에 붙어있던 수식어는 긍정보다는 부정적인 평가가 대다수였다. 짝퉁과 엉터리, 싸구려라는 수식어가 늘 붙어 다녔고 한·중 수교 전이나 지금도 마찬가지로 중국을 '죽의 장막'으로 바라보는 시각도 사라지지 않았다. '샤오미小米'가 대륙의 실수라는 반전으로 불리게 된 것도 따지고 보면 중국산 제품에 대한 부정적인 이미지와 크게 달랐기 때문이리라.

그럼에도 중국을 거짓의 대명사로만 불러서는 안되는 이유는 있다. '중국은 거짓'이라는 구호는 더 이상 유효하지 않다. 우리가 보고 있는 중국은 '백화제방百花齊放' 같은 중국의 다양성 중의 하나일 뿐이다. 어두운 구석보다는 14억 라오바이싱의 역동성이 더 다채로운 곳이 중국이다. 통계조작과 정보의 은폐가 초래한 역병의 창궐같은 비극만이 아니라 감염을 두려워하지 않고 우한시민들을 지키고 있는 우한의 의료진도 우리가 봐야 할 중국의 민낯이다. 그들의 통치시스템은 느리지만 오류를 시정할 수 있는

복구시스템도 함께 갖고 있는 모양이다.

'만리방화'는 낡은 시스템으로 증명되었다. 실시간 삭제하고 통제한다고 해도 용기있는 중국인들의 비판을 모두 잡아내지는 못하고 있다. 현재보다 더 나은 세상을 바라는 중국인의 바람도 그들이 늘 마시는 '모리화茉莉花(자스민)' 차처럼 스며들고 있다.

우리 눈에 보이는, 우리가 아는, 중국이 중국의 전부가 아니다.